本书得到
中国博士后科学基金（2018M632029）
国家自然科学基金（71872052）
江苏高校哲学社会科学研究项目（2019SJA0077）
南京邮电大学引进人才科研启动基金（NYY219018）
的资助

企业家精神与高质量发展
政府和市场的逻辑

曾铖 著

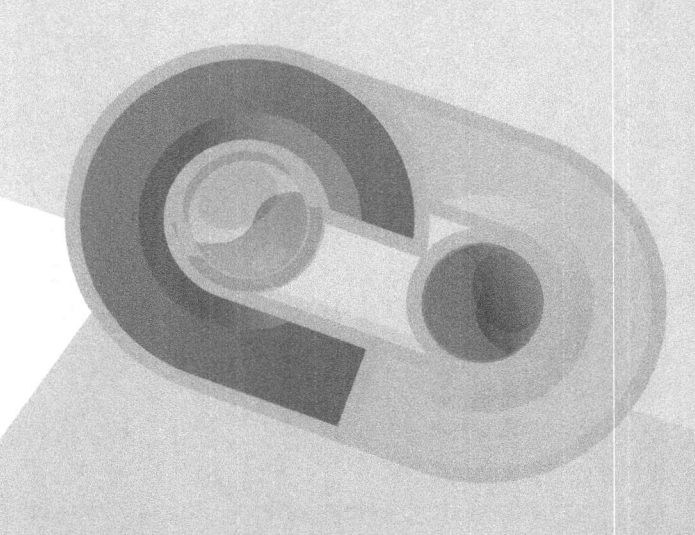

企业管理出版社
ENTERPRISE MANAGEMENT PUBLISHING HOUSE

图书在版编目（CIP）数据

企业家精神与高质量发展：政府和市场的逻辑/曾铖著．
—北京：企业管理出版社，2020.7
ISBN 978-7-5164-2152-9

Ⅰ.①企… Ⅱ.①曾… Ⅲ.①企业家—企业精神—研究—中国
②企业发展—研究—中国 Ⅳ.①F279.23

中国版本图书馆CIP数据核字（2020）第092801号

书　　名：	企业家精神与高质量发展：政府和市场的逻辑
作　　者：	曾　铖
责任编辑：	侯春霞
书　　号：	ISBN 978-7-5164-2152-9
出版发行：	企业管理出版社
地　　址：	北京市海淀区紫竹院南路17号　　邮编：100048
网　　址：	http://www.emph.cn
电　　话：	发行部（010）68701816　　编辑部（010）68420309
电子信箱：	zhaoxq13@163.com
印　　刷：	北京虎彩文化传播有限公司
经　　销：	新华书店
规　　格：	170毫米×240毫米　　16开本　　13.5印张　　170千字
版　　次：	2020年7月第1版　　2020年7月第1次印刷
定　　价：	58.00元

版权所有　　翻印必究　　印装有误　　负责调换

前 言

当前，我国经济已由高速增长阶段转向高质量发展阶段。实现高质量发展是一项艰巨而复杂的系统工程，在这项工程中，企业家是重要主体，企业家精神是基本要素。对此，习近平总书记指出："我们全面深化改革，就要激发市场蕴藏的活力。市场活力来自于人，特别是来自于企业家，来自于企业家精神。"

改革开放以来，中国的企业家涌现过程体现出典型的代际特征。这是因为作为一种人力资源，企业家才能和企业家精神尽管广泛存在于社会人群和市场经济的各个角落，但在很大程度上受到制度和环境的制约，是制度和环境的产物。当环境和条件不具备时，其只能是一种潜在的资源，"英雄无用武之地"；只有当环境和条件适宜时，才能"野蛮生长"，成为一种重要的生产要素。

北京大学周黎安教授曾用"官场+市场"理论解析中国独具特色的经济增长机制，本书则尝试从政府与企业家互动的视角，探索我国经济高质量发展的机理和路径以及其中政府与市场的关系调整、力量调节问题。事实上，政府与企业家的关系问题、"双引擎"的协同驱动问题，本质都是在经济发展新常态下对政府与市场关系这个古老问题的重新论述。为什么这个问题在今天又引起了广泛关注和讨论，并上升为中国经济发展的关键问题呢？原因就在于现实经济中政府的一系列扩张活动影响了市场机制的良性运转，导致市场效率低下。

通过经济学的理论分析和实证研究，本书将揭示：企业家精神是推动我国经济高质量发展的核心动力，而高质量发展离不开政府与企业家的有效配合，政府重在塑造市场环境和提供公共服务，企业家旨在发挥市场经济的主体作用和创新创业的引领功能。这启示我们必须从战略高度重视、培育和激发企业家精神，以创新创业的方式重塑中国经济的微观基础，使企业家真正成为熊彼特意义上的"经济增长的国王"。

目 录

1 绪 论 ·· 1
1.1 问题的由来 ································· 1
   1.1.1 研究背景 ······························ 1
   1.1.2 研究问题的提炼 ····················· 3
1.2 核心概念的界定 ····························· 5
   1.2.1 政府规模 ······························ 6
   1.2.2 企业家精神 ··························· 7
   1.2.3 高质量发展 ··························· 8
1.3 研究目标与意义 ····························· 9
   1.3.1 研究目标 ······························ 9
   1.3.2 研究意义 ······························ 9
1.4 技术路线、研究内容与方法 ··············· 12
   1.4.1 技术路线 ······························ 12
   1.4.2 研究内容 ······························ 13
   1.4.3 研究方法 ······························ 14
1.5 主要创新点 ································· 15

2 国内外研究综述 ………… 17

2.1 关于高质量发展的研究 ………… 17
- 2.1.1 高质量发展的内涵与特征 ………… 17
- 2.1.2 经济增长方式转变的目标与要求 ………… 19
- 2.1.3 经济增长方式转变的实现路径 ………… 22
- 2.1.4 全要素生产率 ………… 24

2.2 关于企业家精神的研究 ………… 28
- 2.2.1 企业家精神的内涵与测度 ………… 29
- 2.2.2 增长理论中的企业家精神研究 ………… 35
- 2.2.3 企业家精神与经济增长方式转变 ………… 36

2.3 关于政府规模的研究 ………… 44
- 2.3.1 政府规模的内涵与测度 ………… 45
- 2.3.2 政府规模与经济增长 ………… 46

2.4 总体评述 ………… 48
- 2.4.1 相关研究共识 ………… 48
- 2.4.2 对本研究的启示 ………… 50

3 高质量发展及经济增长方式的测算 ………… 53

3.1 测算思路 ………… 53
- 3.1.1 测算指标的构造 ………… 54
- 3.1.2 测算的基本步骤 ………… 56

3.2 测算方法与过程 ………… 56
- 3.2.1 样本、数据与变量构造 ………… 56
- 3.2.2 TFP 测算与分解 ………… 60

3.2.3　要素投入的产出弹性估计 ·················· 65
3.3　测算结果与分析 ································· 66
　　3.3.1　空间维度 ································ 66
　　3.3.2　时间维度 ································ 71
　　3.3.3　动力维度 ································ 72
3.4　本章小结 ······································· 73

4　企业家精神驱动高质量发展了吗 ·················· 75
4.1　企业家精神对高质量发展的影响机制 ················ 75
　　4.1.1　市场过程范式的引入 ························ 75
　　4.1.2　影响机制分析 ····························· 77
4.2　研究设计 ·· 81
　　4.2.1　研究假设的提出 ··························· 81
　　4.2.2　模型设定和参数说明 ························ 83
　　4.2.3　指标选取和变量定义 ························ 84
　　4.2.4　数据说明和描述统计 ························ 86
4.3　实证分析 ·· 88
　　4.3.1　静态面板估计 ······························ 88
　　4.3.2　动态面板估计 ······························ 92
　　4.3.3　稳健性检验 ································ 97
　　4.3.4　结果分析 ·································· 98
4.4　本章小结 ·· 99

5 企业家精神视角下政府规模扩张的有效性 …… 101
5.1 政府规模的自我扩张与有效性评价 …… 101
5.1.1 政府规模的自我扩张倾向 …… 101
5.1.2 政府规模扩张有效性的评价标准 …… 102
5.2 政府规模扩张对企业家精神的影响机制 …… 104
5.2.1 理论机制分析 …… 104
5.2.2 实际效应假设 …… 106
5.3 研究设计 …… 110
5.3.1 模型设定和参数说明 …… 110
5.3.2 指标选取和变量定义 …… 111
5.3.3 数据说明和描述统计 …… 113
5.3.4 特征事实 …… 114
5.4 实证结果分析 …… 117
5.4.1 政府规模与企业家精神 …… 117
5.4.2 政府规模与生存型、机会型企业家精神 …… 120
5.4.3 稳健性检验 …… 122
5.4.4 结果分析 …… 123
5.5 本章小结 …… 125

6 整合框架下的影响效应与传导机制分析 …… 127
6.1 理论分析与研究假设 …… 127
6.2 研究设计 …… 132
6.2.1 结构方程模型 …… 132
6.2.2 变量度量 …… 135

6.2.3 样本与数据 ………………………………………… 137
6.3 模型和结果分析 …………………………………………… 139
　　6.3.1 理论模型构建 ………………………………………… 139
　　6.3.2 理论模型评估 ………………………………………… 140
　　6.3.3 假设关系检验 ………………………………………… 143
　　6.3.4 结果分析 ……………………………………………… 145
6.4 本章小结 …………………………………………………… 146

7 结论与展望 ……………………………………………………… 148
7.1 主要结论与启示 …………………………………………… 148
7.2 政策建议 …………………………………………………… 153
7.3 研究不足与展望 …………………………………………… 157

附录 ………………………………………………………………… 159
附录1　各省（区、市）固定资本存量的测算数据
（1998—2013年） ……………………………………………… 159
附录2　各省（区、市）全要素生产率测算及相关结果
（1999—2013年） ……………………………………………… 162
附录3　结构方程模型分析的变量协方差矩阵 …………………… 167

参考文献 …………………………………………………………… 168

后　记 ……………………………………………………………… 204

1 绪 论

本章内容包括五个部分：问题的由来、核心概念的界定、研究目标与意义、技术路线及研究内容与方法、主要创新点，旨在为引出本书研究的问题提供现实基础和理论支撑，为后续工作按部就班地展开提供保证和引导。

1.1 问题的由来

1.1.1 研究背景

中国经济经历了改革开放以来30多年的高速增长，近年来略显疲态。2011—2018年我国GDP增长率连续在个位数运行，从2010年的10.6%逐年回落到2018年的6.6%。如果考虑到这份成绩单是在各地"千方百计"挖掘土地财政潜力和地方政府举债潜力的基础上提交的，那么今后一段时期我国经济增速再下一个台阶便在所难免。来自不同机构和学者的预测结果也不容乐观：中国社会科学院的测算显示，我国GDP年度潜在增长率从过去30余年的10%左右，下降到"十二五"时期的平均7.6%，预计"十三五"时期将进一步下降到6.2%（蔡昉和陆旸，2015）；国务院发展研究中心对比了中日韩三国工业增加值占GDP比重达到峰值前后的经济表现，推算认为2011—2020年我国的潜在增长率大体为6%（张俊伟，2015）；某些国际知名经济学家的预测数值更低，如哈佛大学肯尼迪学院的普瑞切特教授和萨默斯教授判断中国经济增长将回归到世界均值，即2013—2023年期间仅为5.0%（Pritchett和Summers，2014）。总之，无论是从经济发展规律来看,还是从现实的经济表现来看,我国经济减挡运行、增长中枢进一步下移的长期趋势已然确立。

这一趋势形成的深层次原因在于,长期以来支撑我国经济高速发展的传统增长动力逐渐式微。资本的积累和劳动力的投入一直被认为是我国经济增长的主要动力。一项权威研究显示,1982—2009年我国GDP平均增速为10%,其中资本积累贡献7.1个百分点,劳动力数量增长和人口抚养比下降两项加总的"人口红利"贡献1.5~2.0个百分点[1](Cai和Zhao,2012),也就是说,资本和劳动力投入贡献了约90%的经济增长。但是,情况在2010年出现了反转:①这一年我国15~59岁劳动年龄人口比重达到峰值,此后劳动力数量便转为负增长,人口抚养比也随之跨过了从下降到提高的转折点,迎来了人口红利消失的"刘易斯转折点"。②与此相伴,基于劳动力无限供给的稳定资本报酬效应也被打破,迎来了"资本报酬递减"的转折点。根据财政部报告提供的数据,2014年我国GDP每增长1美元已经大约需要5美元的投资,资金投入成本比日本和韩国经济起飞时期要高40%。[2]③劳动力在部门间转移带来的资源重新配置效率也将消失。这些关键转折点的到来,使得传统增长动力难以为继,给我国经济带来了巨大的下行压力和结构调整压力。

经济下行的长期趋势与产能过剩、环境污染、资源约束等现实问题相互交织、相互渗透,使得问题异常复杂,解决难度显著加大,于是"转方式""调结构""供给侧结构性改革"等字眼频繁地出现于官方文件和主流媒体。实际上,20世纪80年代我国政府便已提出经济增长方式转变,学

---

[1] 劳动力数量增长贡献0.8个百分点,人口抚养比下降贡献0.7个百分点,在全要素生产率提高贡献的1.0个百分点中,又有接近一半的贡献来自劳动力从农业转移到非农产业带来的资源重新配置效率。

[2] 参见《财政部副部长:中国GDP每增长1美元需投资5美元》。

术界展开了广泛的讨论，政府进行了努力的尝试，然而直到今天，粗放型的经济增长方式依然没有得到转变。如果说此前因为有经济高增长做背书，转变动机和压力都不足的话，那么今天则到了爬坡过坎、不得不转的紧要关头。党的十九大报告明确指出，"我国经济已由高速增长阶段转向高质量发展阶段"。

如何推动我国经济的高质量发展？一般认为，经济问题的根源在于经济体制，粗放型增长方式的根源则在于传统的政府主导型经济体制，所以改革的方向就是向市场主导型体制转变（吴敬琏，2006；王小鲁等，2009；张维迎，2012；魏杰和施成杰，2014）。党的十八届三中全会通过的《中共中央关于全面深化改革若干重大问题的决定》提出，"经济体制改革的核心问题是处理好政府和市场的关系，使市场在资源配置中起决定性作用和更好发挥政府作用"。李克强总理指出，中国经济发展要用好"两只手"、开启"双引擎"：一只手是"市场的手"，意在调动大众创业、万众创新，打造新引擎；另一只手是"政府的手"，聚焦于增加公共产品和公共服务的供给，改造传统引擎。然而，无论是从理论还是从经验来看，政府与市场的关系都是微妙的，可能一定程度上存在着此消彼长的矛盾关系，"两只手"能否激励相容、"双引擎"又能否协同驱动呢？

可见，推动我国经济的高质量发展必然离不开政府与市场关系的调整。特别地，企业是市场经济的主体，企业家是企业的人格化或中心签约人，因此，政府与市场关系的另一种表述就是政府与企业家的关系（杨其静，2003；陈宪，2013）。这就在一定程度上要求研究者将政府、企业家、高质量发展三者纳入一个共同的分析框架。

1.1.2 研究问题的提炼

在这个分析框架中，高质量发展是政策目标，政府、企业家是政策手段（资源配置手段），核心的政策问题便是"目标－手段"之间的影响机制问题，它包括两个方面：一是"驱动"问题，即手段能否以及如何驱动目标实现；二是"协同"问题，即两个手段能否激励相容、有效配合。

为了提供可操作、可量化的实证分析框架，本书将政府量化为政府规模（以公共财政支出为衡量尺度），将企业家量化为企业家精神（以企业家活动水平为衡量尺度），于是上述分析框架便抽象为"政府规模—企业家精神—高质量发展"。结合上文的"两只手""双引擎"提法，本书分析框架的逻辑如图1-1所示。

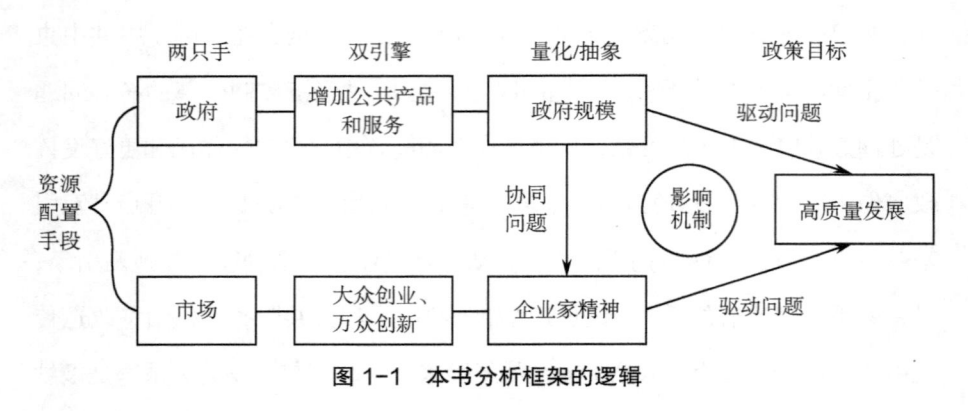

图1-1 本书分析框架的逻辑

在此框架下，提炼本书的三个主要研究问题。

问题1：企业家精神是否以及如何驱动高质量发展？

本书以经济增长方式的集约化转变作为高质量发展的主要内涵。宏观的增长方式取决于微观的企业行为，诸多国际经验表明，经济增长方式转变是企业家精神支持下技术创新、生产要素重新组合的直接结果。所以，本书首先关注"企业家精神→高质量发展"的驱动问题，通过理论推演和实证分析，揭示企业家精神驱动高质量发展的微观机制。

问题2：政府规模扩张激发还是抑制了企业家精神？

在问题 1 的基础上探讨企业家精神的制度性影响因素。考虑到政府因素对我国制度环境的影响居于主导地位，政府规模又是政府在经济活动中所挥发作用的一种宏观衡量，所以关注"政府规模→企业家精神"的影响机制，即二者之间的协同问题[①]。本书通过实证研究政府规模扩张对企业家精神的影响机制和实际效应，对问题 2 给出回答。

问题 3：政府规模、企业家精神、高质量发展之间存在怎样的影响效应和传导机制？

不同于问题 1、问题 2 仅对两个概念之间的关系进行孤立性分析，问题 3 将政府规模、企业家精神、高质量发展这三个核心概念纳入一个共同的分析框架进行联立性、整合性分析，分析它们之间多样化的影响效应和传导机制。无疑，这种整合框架下的影响效应和传导机制更为复杂，但是更加符合研究对象的现实特征（例如，它们之间可能同时存在直接影响和间接影响两种路径），也更贴近"双引擎"战略的逻辑框架，因而研究结论更具解释意义。

三个研究问题以企业家精神为纽带而串联起来，它们的关系是：问题 1 关注企业家精神的后向作用结果，问题 2 关注企业家精神的前向影响因素，问题 3 则考虑前后向的综合影响机制；同时，问题 1、问题 2 的研究结论为问题 3 的验证性分析奠定研究基础。

1.2 核心概念的界定

概念界定是理论探讨的起点，也是定量研究的切入点。本书的三个核心概念即政府规模、企业家精神、高质量发展都是高度抽象化的概念，为

---

① 虽然"协同"是一个相互影响的双向概念，但是政府与企业家之间的影响关系更多体现在政府对企业家活动的影响方面，所以本书对二者的协同问题仅考虑"政府规模→企业家精神"的单方向影响。

明确讨论范畴和避免歧义，先对这三个核心概念做出界定。

1.2.1 政府规模

本书以政府规模（Government Size）反映政府在经济活动中的扩张程度。所谓政府规模，是指以职能和权力配置为基础，按一定组织原则所组成的政府各个具体组成部分的总和（王玉明，1998），它的大小表现在政府的权力区间、财政收支、机构状态和雇员数量等多个维度。一般来说，政府规模越大，其控制的经济资源越多，这就意味着它更容易渗透到经济运行的各个方面，对于市场具有更强的干预和控制能力（汪德华等，2007）。

本书以公共财政支出作为政府规模的衡量尺度，原因有二：一是政府的权力行使、机构和人员的设置都必须以公共财政为支撑，即"在有限的财力条件下，根据经济增长和公共服务需求做出动态的调适与规划"（Melchor，2013），因此，公共财政支出是政府权力和职能、机构和雇员的正函数，是一种综合的数量反映；二是政府的权力空间具有不可计量性，而雇员数量指标无论是统计数据还是概念界定都存在一定的模糊性，这是因为我国有相当一部分的政府雇员不在政府编制序列内，却承担着部分政府职能并由财政支付经费（如事业单位）[①]（文雁兵，2014）。此外，在涉及政府规模与经济联系的文献中，以公共财政为尺度可以直接反映政府所控制或支配的经济资源（Persson，2002）。

遵循这一惯例，为了跨地区、跨时期可比的需要，本书采取"相对规模"的做法，以地方公共财政支出（或其中的政府消费）占 GDP 的比重作为政府规模的测度指标，这也是国内外研究文献经常使用的基本指标（如 Larkey 等，

[①] 吴木銮和林谧（2010）对比了全球样本、亚洲和中国的"官民比"数据，认为中国的"官民比"数据不可靠，原因在于所谓的"官员"无法覆盖实际的政府雇员数量；并认为政府支出占 GDP 比重的指标值相对中性一些，因为它可能涵盖了编制外人员的开支。此外，樊鹏（2015）对美国的"政府雇员"和中国的"公职人员""财政供养人员"指标的统计口径进行了对比和说明。

1981；Sheehey，1993；Persson 和 Tabellini，1999；马拴友，2000；范子英和张军，2010；文雁兵，2014、2016；曾铖等，2017）。

1.2.2 企业家精神

近年来，企业家精神（Entrepreneurship）作为一种新的生产要素逐渐在经验研究中得到重视。与关注个体层面的企业家特质研究不同，这些研究借鉴产业经济学的思想，以企业家活动的宏观数据作为代理指标，分析地区或国家范围内企业家精神的就业、增长、贸易、知识溢出等经济社会效应（Acs 等，2004；Glaeser，2007；李宏彬等，2009；Cumming 等，2014；程锐，2016；李小平和李小克，2017；Chowdhury 等，2018），以及制度（程俊杰，2016；吕相伟，2018）、法律（邵传林和张存刚，2016；韩磊等，2017）、管制（陈刚，2015；张龙鹏等，2016）、文化（Audretsch 等，2010；李小平和李小克，2017）、人口（郭凯明等，2016；周敏慧，2017；林涛等，2017）、教育（陆铭和倪鹏途，2015；Levine 和 Rubinstein，2017）等因素和生态系统（Audretsch 和 Belitski，2017）对企业家精神的影响作用，并比较了企业家精神的时空分布与动态演化（朱盼和孙斌栋，2017；王霞等，2017）。这些文献通常使用自我雇佣率、企业所有权比率、企业进入率和退出率、雇用人数占就业人口比例等作为衡量区域企业家精神的代理指标。

在这里，企业家精神不再是微观的个体特质，而是成为一种"社会现象"，即企业家活动可以反映一个地区的企业家精神状况，从而以此对企业家精神进行量化分析，这构成了所有企业家精神实证研究的出发点（靳卫东等，2008）。其背后的逻辑在于：①企业家精神的内涵非常丰富，不仅在内涵上尚未形成一个清晰的定义（李宏彬等，2009），而且在经验研究中也很难对其全部内涵进行准确量化，退而求其次，可以将其最终的具象化形式——企业家活动，作为反映一个地区企业家精神状况的代理变量；②一个地区的企业家精神受到地理相似性或生态特点的影响，以其产生和成长空间为背景，具有鲜明的区域性特征（Sorenson 和 Audia，2000）。尽管宏观数据不可能衡量企业家精神的微观特质，但在一定程度上仍然能够体现微观的加总效应。

遵循这种传统，本书从社会（区域）层次将企业家精神界定为一个地区人们竞相成为企业家的行为活动和精神追求（鲁传一和李子奈，2000；刘亮，2008；董昀，2012），认为一个地区的企业和企业家活动越丰富，这个地区的企业家精神水平就越高。具体地，以一个地区内个体和私营企业家建立或投资新企业、雇用工人的宏观数据来反映企业家活动水平的高低，作为企业家精神的测度指标。

1.2.3 高质量发展

高质量发展具有丰富性内涵和多维性特征。金碚（2018）认为，高质量发展是能够更好满足人民不断增长的真实需要的经济发展方式、结构和动力状态，其质态体现在经济、社会、政治、文化等多领域。任保平（2018）认为，高质量发展的判断标准应包含经济发展的有效性、协调性、创新性、持续性和分享性等方面。陈昌兵（2018）认为，高质量发展的根本在于提高劳动生产率和全要素生产率，实现向人力资本积累和创新驱动的增长方式转型。张军扩等（2019）认为，高质量发展是以满足人民日益增长的美好生活需要为目标的高效率、公平和绿色可持续发展。高培勇等（2019）认为，"高速增长"阶段主要依靠高投资、劳动参与率增加等要素驱动，而"高质量发展"阶段主要依靠技术进步、效率驱动。

从更长时间的经济学研究视角来看，高质量发展与经济增长方式转变具有一脉相承的密切关系。例如，早在"九五"时期（1996—2000年）中国就提出经济增长方式要从粗放型向集约型转变，"十一五"规划再次提出"加快转变经济增长方式"，党的十七大时相应的术语改为转变"经济发展方式"。有鉴于此，并考虑到实证研究的需要，本书以经济增长方式的集约化转变作为高质量发展的主要内涵，以生产率特别是全要素生产率作为经济增长方式的衡量标准。

1.3 研究目标与意义

1.3.1 研究目标

本书以"政府规模—企业家精神—高质量发展"为分析框架，围绕三个研究问题即"企业家精神是否以及如何驱动高质量发展？""政府规模扩张激发还是抑制了企业家精神？""政府规模、企业家精神、高质量发展之间存在怎样的影响效应和传导机制？"展开理论分析与实证研究，依次揭示推动经济高质量发展过程中企业家精神的作用、政府规模扩张的有效性、三者之间的复杂影响机制，从而为新时期高质量发展进程中政府与企业家的角色定位和作用发挥提供历史经验与政策启示。

1.3.2 研究意义

1.3.2.1 理论意义

现有文献关于政府规模、企业家精神、高质量发展的研究成果"交集"甚少：政府规模的研究主要围绕公共财政的自我扩张和最优规模问题；宏观层面的企业家精神研究主要关注其经济增长效应；高质量发展及经济增长方式转变的研究以理论探讨和规范分析为主，主要从经济体制、政府职能、产业结构等视角展开论述。这些研究成果散见于多个学科领域，缺乏一个统筹的研究视角和分析框架。

本书通过对现实经济问题的理论抽象，提出了"政府规模—企业家精神—高质量发展"的整合性分析框架，阐释了这三个核心概念的内在联系，并梳理了该框架的理论渊源。借由这个分析框架，本书将政府、企业家这两种资源配置主体与高质量发展目标完整地衔接在一起，使得分析更有整体性和系统性，也弥补了原先研究成果无法整合分析的缺憾。

此外，通过对大框架下的相关问题进行研究，本书拓展了相关理论的研究范畴。第一，在问题1的研究中，本书指出学者们关于企业家对经济活动影响的研究主要从"量"的角度分析它对经济总量或增长速度的影响，而较少从"质"的角度分析它对经济运行质量或增长方式的影响，对此本书进行了系统的文献梳理，并运用新的分析范式进行了理论推演。第二，在问题2的研究中，借由政府规模扩张对企业家精神的影响机制研究，本书从企业家精神培育和激发的角度对政府规模扩张的宏观效应做出了评价，丰富了政府规模问题的研究视角。

1.3.2.2 现实意义

本书研究主题紧扣经济新常态、大众创业和万众创新、政府职能转变等经济社会热点问题，对于全面深化改革和打造双引擎、引领新常态具有积极的现实意义。

第一，反映了我国高质量发展及经济增长方式的动态变化。越来越多的信号显示，全要素生产率正在成为新时期政府经济工作的一项重要考核指标。2015年3月，"提高全要素生产率"首次写入《政府工作报告》；2015年12月，中央经济工作会议再次强调，"加大结构性改革力度，矫正要素配置扭曲，扩大有效供给，提高供给结构适应性和灵活性，提高全要素生产率"；"十三五"规划也全面引入全要素生产率的概念，并从细化指标分解、硬化约束举措入手，引导全社会共同努力，提高我国经济的全要素生产率。

本书将高质量发展的目标和衡量标准界定为提高全要素生产率及其对经济增长的贡献，据此测算了我国不同时期、不同地区的经济增长方式变化情况，这为我们认清发展现状、判断未来走势提供了一定的依据。

第二，认清了企业家精神在高质量发展中的战略地位。一方面，近年来实施的商事制度改革打破了市场主体准入的"玻璃门"，以商事制度改革实施的第一年为例，2014年3月至2015年3月全国新登记注册企业407.92万户，同比增长46.50%，注册资本（金）21.9万亿元，同比增长95.63%[①]，极大地释放了市场活力；另一方面，"创客风潮"席卷北上广深和其他大中城市，激发了无数人的创新梦想、创业激情，预示着大众创业、万众创新时代的来临。大众创业、万众创新的政策本质是培育和激发企业家精神。为此，本书以理论和实证相结合的方式，分析了企业家精神驱动高质量发展的影响机制，以期通过政策引导，从多个渠道发挥企业家精神的战略作用。

第三，探索了新时期政府与市场、政府与企业家的关系问题。如前所述，政府与企业家的关系是政府与市场关系的另一种表达，在大众创业、万众创新时代更具有典型意义。奥地利学派认为，面对经济形势不景气，企业家很可能遁形，政府别无选择，只能通过刺激政策来干预经济，从而造成政府干预与企业家精神退化的恶性循环（陈宪，2013）。今天我们同样面临经济形势不景气的局面，既要调结构、转方式，也要稳增长、保就业，平衡的关键点之一便在于政府与市场的关系调整、政府干预与企业家精神的力量调节。本书研究了我国地方政府规模扩张对企业家精神的影响机制与实际效应，这是对该问题的一次有益探索。

---

① 参见《深化商事制度改革 推进大众创业万众创新》。

1.4 技术路线、研究内容与方法

1.4.1 技术路线

本书技术路线如图 1-2 所示。

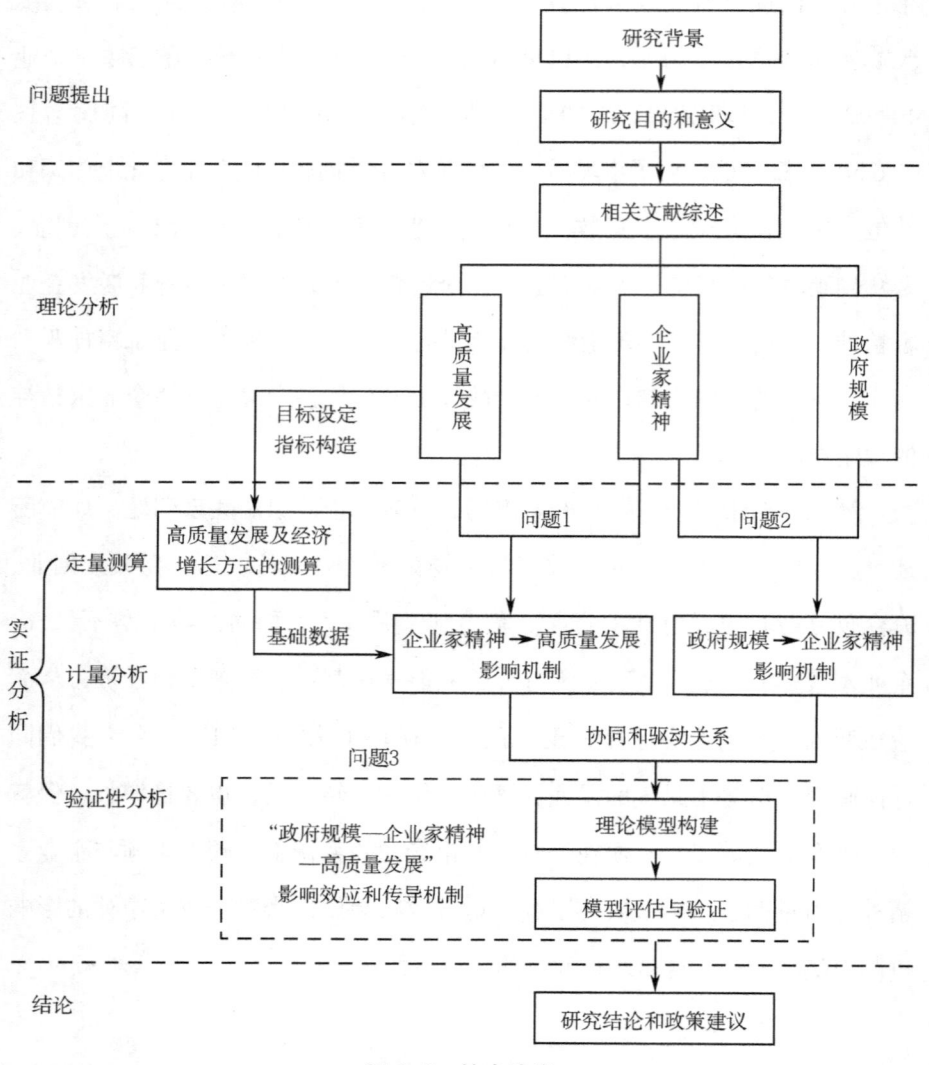

图 1-2 技术路线

1.4.2 研究内容

本书研究内容包括三个部分，结合具体的章节安排说明如下。

（1）第一部分为理论准备，包括第1~2章。

第1章为"绪论"。介绍研究背景和意义，在此基础上介绍本书的分析框架、研究问题、研究内容、研究方法以及主要创新点。

第2章为"国内外研究综述"。围绕政府规模、企业家精神、高质量发展这三个核心概念，对已有文献进行梳理和评述，阐明三者的理论联系，归纳研究共识，并提出有待完善的几个方面。

（2）第二部分为实证研究，包括第3~6章。

第3章为"高质量发展及经济增长方式的测算"，旨在为后文实证研究提供基础数据。本章构造了经济发展质量的测算指标，明确了测算思路、样本、数据和方法，并对我国不同时期、不同地区的经济发展质量进行了测算和比较分析。

第4章为"企业家精神驱动高质量发展了吗"，旨在回答问题1。本章引入奥地利学派的市场过程范式，区分了企业家精神的不同功能和经济高质量发展的不同源泉，对"企业家精神→高质量发展"的影响机制进行了理论分析和实证检验。

第5章为"企业家精神视角下政府规模扩张的有效性"，旨在回答问题2。本章综合国外学者的理论分析和我国政府行为模式的特殊性，分析了"政府规模→企业家精神"的影响机制和实际效应，并从企业家精神培育和激发的视角，对我国地方政府规模扩张行为的有效性做出了评价。

第6章为"整合框架下的影响效应与传导机制分析"，旨在回答问题3。本章根据问题1、问题2研究所发现的协同和驱动关系，建立了"政府规模—企业家精神—高质量发展"影响效应与传导机制的整体理论模型，并运用结构方程模型的方法进行了验证性分析。

（3）第三部分为结论，包括第 7 章。

第 7 章为"结论与展望"。回顾和总结了本书的重要结论，提出了相关政策建议，并指出了研究中存在的不足之处，讨论了未来有待深入研究的方向。

1.4.3 研究方法

本书研究过程参考了管理学、经济学、统计学等多个学科领域的研究成果和分析工具，采取了理论研究与实证研究相结合、定量分析与定性分析相结合、探索性分析与验证性分析相结合的方法。定量分析方面主要采用了以下方法。

（1）DEA-Malmquist 指数法。全要素生产率有几种不同的测算方法，对比而言，基于 DEA 的 Malmquist 生产率指数法具有不需要对生产函数结构做出先验假定、不需要对参数进行估计、允许无效率行为存在、能对全要素生产率变动进行分解等优点，成为国内学者常用的测算方法。本书在第 3 章的研究中使用该方法对我国不同时期、不同地区的全要素生产率变动情况进行了测算和分解，在此基础上测算了经济发展质量的动态情况。

（2）结构方程模型。结构方程模型（Structural Equation Modeling，SEM）是应用线性方程系统表示观察变量与潜变量关系以及潜变量之间关系的一种统计方法，是一种通用的线性统计建模技术。本书第 6 章对政府规模、企业家精神、高质量发展进行整合性分析时，考虑到传统计量分析方法无法同时处理多个因变量、多重影响效应的局限性，采用 SEM 方法完成了概念化建模和验证过程，揭示了三者之间复杂的影响效应与传导机制。

（3）计量分析方法。本书通过理论推演，对政府规模、企业家精神、高质量发展等核心概念两两之间的影响机制提出了研究假设，继而运用计量分析方法进行了实证检验。在实际运用中，考虑到数据结构的异方差、异质性、平稳性、内生性等问题，采用了不同的计量回归模型。例如，第 3 章估计要素投入的产出弹性时采用了双向固定效应（Two-way FE）模型；第 4 章实证检验企业家精神对高质量发展的影响机制时，采用了静态面板的固定效应（FE）模型和随机效应（RE）模型以及动态面板的系统广义矩估计（System GMM）模型，并进行了相应的单位根检验、工具变量检验等。

1.5 主要创新点

基于现有研究成果，本书创新点主要有以下三个。

（1）系统论述了企业家精神在推动高质量发展进程中的作用和地位。现有文献主要从经济体制、产业结构等宏观视角研究如何推动经济高质量发展，但忽略了诸如企业家精神等微观视角。对此，本书从两个方面进行了补充：第一，通过经济发展阶段规律分析，指出我国企业家经济阶段的到来，凸显了企业家精神的政策意义；第二，运用奥地利学派的市场过程范式，区分了企业家精神的不同功能和经济高质量发展的不同源泉，提出了企业家精神驱动技术效率和技术进步的螺旋上升，进而驱动经济高质量发展的理论假说，并通过实证方法揭示了企业家精神在高质量发展进程中的"桥梁"作用，启示我们必须从战略高度培育和激发全社会的企业家精神。

（2）从企业家精神培育和激发的视角评价了政府规模扩张的宏观效应。政府规模具有自我扩张的倾向，我国政府亦然，特别是 1998 年为启动内需、2008 年为应对国际金融危机而实施的两轮积极财政政策，使政府规模经历了显著的扩张期。那么，如何评价政府规模扩张的有效性，或者说，如何评价积极财政政策的宏观效应？不同于以经济增长最大化为评价标准的传统视角，本书从企业家精神培育和激发的新视角，提出以企业家精神最大化作为政府规模扩张有效性的评价标准，并对我国地方政府规模扩张的有效性进行了实证分析。这丰富了政府规模问题的研究视角，也为未来地方政府的财政政策选择与安排提供了一定的参考依据。

（3）构建了"政府规模—企业家精神—高质量发展"研究框架。首先，通过对现实经济问题的理论抽象，提出了这一整合性分析框架。其次，通过系统的文献梳理，阐释了这三个核心概念的内在联系，指出了该框架的理论渊源——鲍莫尔（Baumol，1990）开创的"企业家才能配置"学说。最后，围绕该框架对三个研究问题层层递进地展开分析，特别是引入结构方程模型的"潜变量"分析方法，揭示了三个核心概念之间多变量、多路径、多效应的复杂影响机制。

通过以上先提出、再论证、后应用的步骤，本书较为完整地构建了政府规模、企业家精神与高质量发展的影响机制研究理论框架和方法体系，既拓展了三个核心概念相关理论的应用范畴，也为探索新时期政府与市场、政府与企业家的关系提供了一个较为系统的思考和研究框架。

2 国内外研究综述

本章将围绕政府规模、企业家精神、高质量发展这三个核心概念，对已有文献进行综述，从而为后续研究工作的开展提供理论依据。首先，对政府规模、企业家精神、高质量发展的内涵加以界定，介绍相应的测度方法；其次，围绕研究主题，对相关文献进行分类介绍；最后，归纳研究共识，并提出有待完善的几个方面。对于已有文献，从国内、国外两个角度进行检索。①国内文献来源于中国知识资源总库数据库、维普中国科技期刊数据库、中文相关著作、研究报告、统计资料及其他中文互联网资源等。检索方法主要是借助"政府规模""企业家精神""高质量发展""经济增长方式""全要素生产率""TFP"等关键词，在数据库中对题名、关键词和摘要相互组合进行检索。②国外文献来源于 Elsevier 数据库、Web of Science 数据库、Blackwell 数据库、Google 学术搜索网站。检索方法主要是借助"Government Size""Entrepreneurship""High-Quality Development""Economic Growth Pattern""Total Factor Productivity""TFP"等关键词，在数据库中对题名、关键词和摘要相互组合进行检索。

2.1 关于高质量发展的研究

2.1.1 高质量发展的内涵与特征

作为一种正常的追赶逻辑，成功的后发经济体无一没有经历经济增长方式从速度型到质量型的结构性转变（胡鞍钢等，2019）。追赶型经济体首先表现为对经济增长速度和经济总体规模的追逐,一旦经济社会进入发展的关键时期,成功的后发国家将无一例外地把质量振兴上升为国家战略。例如,20 世纪 50 年代,在联邦德国 GDP 跃居西方资本主义世界第二位之后,它适时地实施了"以质量推动品牌建设,以品牌助推产品出口"的质量发展战略。20 世纪 60 年代,日本首先实施的是国民收入倍增计划,规定在 1961—1970 年期间 GDP 年均增长 7.8%,人均国民收入年均增长 6.9%;而当日本 GDP 先后超过法国、联邦德国,跃居西方资本主义世界第二位之后,它也及时地提出了"质量救国"的国家发展战略,推广全面质量管理。作为另一个实现成功追赶的典范,20 世纪 70 年代,韩国在经济腾飞的关键时期实施了 21 世纪质量赶超计划,凭借国家意志推动发展方式的质量型转变。

党的十九大报告指出,"我国经济已由高速增长阶段转向高质量发展阶段"。自此,国内学者围绕高质量发展的内涵特征、目标要求、判断标准、决定因素、战略路径、体制机制等方面进行了大量的阐述。例如,金碚(2018)认为经济发展的不同阶段以其不同的质态相区别,高速增长和高质量发展就是区别这两个发展阶段不同质态的概念表达,并认为高质量发展是能够更好满足人民不断增长的真实需要的经济发展方式、结构和动力状态,其质态体现在经济、社会、政治、文化等多领域。任保平(2018)认为经济发展质量与经济增长质量是不同的,经济发展质量是对一国经济发展优劣状态的综合评价,其内涵要比经济增长质量宽泛得多,不仅包括经济因素,而且包括社会、环境等方面的因素,并提出高质量发展的判断标准应包含经济发展的有效性、协调性、创新性、持续性和分享性等方面。陈昌兵(2018)认为高质量发展的含义非常丰富,但其根本在于提高劳动生产率和全要素生产率,实现向人力资本积累和创新驱动的增长方式转型。张军扩等（2019）认为高质量发展是以满足人民日益增长的美好生活需要为目标的高效率、公平和绿色可持续发展，从高速增长转向高质量发展，既是经济增长方式和路径的转变，更是体制改革和机制转换的过程，因此，转向高质量发展的关键是加快形成与之相适应、相配套的体制机制。高培勇等（2019）认为"高速增长"阶段主要依靠高投资、劳动参与率增加等要素驱动，而"高质量发展"阶段主要依靠技术进步、效率驱动。可见，高质量发展具有丰富性内涵和多维性特征。

事实上，高质量发展是一个不断延续和发展的理念。早在"九五"时期（1996—2000年）中国就提出经济增长方式要从粗放型向集约型转变，"十一五"规划再次提出"加快转变经济增长方式"，党的十七大时相应的术语改为转变"经济发展方式"。吴敬琏（2013）采用"增长模式"的提法来概括上述转变。中国经济增长前沿课题组（2012）则采用了"增长阶段"的提法，将中国正在经历的增长阶段转换概括为高投资和出口驱动的经济增长阶段Ⅰ向城市化和服务业发展主导的经济稳速增长阶段Ⅱ的转换。

可见，经济视角下的高质量发展与经济增长方式转变具有一脉相承的密切关系。同时，相比其他概念，经济增长方式具有较为公认的规范定义（吴树青，2008；卫兴华，2011；卢万青，2013）。有鉴于此，本书以经济增长方式的集约化转变作为高质量发展的主要内涵，以生产率特别是全要素生产率作为经济增长方式的衡量标准。

2.1.2 经济增长方式转变的目标与要求

关于经济增长方式转变的问题，我国学术界自改革开放以来就展开了热烈讨论，主要围绕两个问题展开（林毅夫和苏剑，2007）：一是我国经济增长方式的现状以及目标增长方式是什么；二是如何实现我国经济增长方式转变。

"经济增长方式"（Economic Growth Pattern）这一概念来自苏联的政治经济学，相近的经典表述有"Pattern of Growth"和"Model of Development Strategy"。对其内涵的界定，我国学术界基本没有分歧，即如吴敬琏（2006）所言，"所谓经济增长方式，就是指推动经济增长的各种生产要素投入及其组合的方式，其实质是依赖什么要素，借助什么手段，通过什么途径，怎样实现经济增长"。

经济增长方式有不同的分类方法，如出口导向型与内需拉动型、投资拉动型与消费支撑型、粗放型与节能环保型、政府主导型与市场主导型等（魏杰，2011）。但是，大多数学者仍主要使用粗放型与集约型的分类方法，它的划分依据是经济增长的动力机制：如果经济增长动力来自土地、劳动、资本等要素积累，便称之为粗放型增长方式；如果经济增长动力来自效率提升，便称之为集约型增长方式（刘煜松，2010）。其中，效率提升又可分解为两个部分（见图2-1）：一是技术效率提升，包括劳动分工扩大、管理水平提高、激励机制完善、产权改革等带来的纯技术效率改进[①]，和发展战略改变、生产要素自由流动、要素和产品价格市场化改革等带来的资源配置效率改进[②]；二是技术创新、模仿和学习带来的技术进步。

---

① 纯技术效率改进的典型事例是改革初期农村家庭联产承包责任制的实行，它并没有引进新的农业生产技术，只是改革了原先不合理的人民公社制度，释放了农民的生产积极性，体现了技术无效率现象的消除。

② 资源配置效率改进的典型事例是改革初期原有的以重工业为主的"大三线"企业纷纷转产，体现了由资本密集型向劳动密集型转变的发展战略调整。

2 国内外研究综述

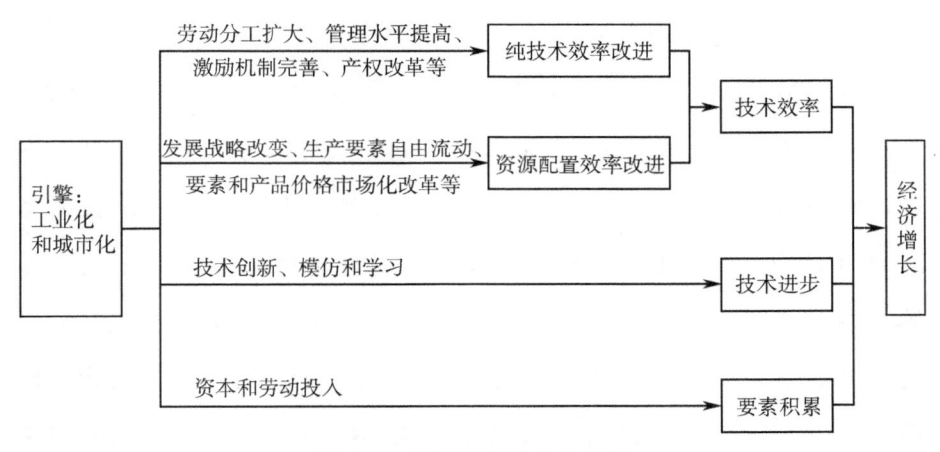

图 2-1 经济增长的动力机制

资料来源：吕冰洋和于永达（2008）。
注：为避免与下文概念相混淆，将原图中的"技术效率"更改为"纯技术效率"。

按照粗放型和集约型的划分，学者们普遍认为，长期以来我国经济的粗放型增长方式并没有得到有效改变，存在资源配置效率低、技术进步贡献低、经济效益和运行质量低等问题（郭金龙，2000；张军，2002；吴敬琏，2006；赵彦云和刘思明，2011；林卫斌等，2012；赵文军和于津平，2014；李平，2016；等等），甚至出现了粗放型特征加重的迹象。因此，我国经济增长方式亟须向集约型增长方式转变。虽然有学者认为只要实现成本最小化，以增加要素投入为主的增长方式也可以是较为理想的增长方式（林毅夫和苏剑，2007），但就发展规律而言，从粗放型向集约型增长的转变是经济增长的一般趋势（波特，2002），而且中国的资源和环境也无法承受粗放型经济的持续增长（林卫斌等，2012）。特别是考虑到现阶段以劳动力短缺和工资持续提高为特征的"刘易斯转折点"的到来，以及以人口抚养比不再降低为表现的人口红利的消失，为避免资本报酬递减现象，中国经济增长的出路必然是向全要素生产率支撑型模式转变（蔡昉，2013）。

提高全要素生产率已成为学术界对经济增长方式转变的核心共识。如刘国光和李京文（2001）最早指出，"转变经济增长方式，就是要将经济增长转变到依靠提高全要素生产率来实现的轨道上来"；张军等（2003）认为，全要素生产率是理解经济增长方式的最重要指标；王小鲁等（2009）认为，未来中国经济增长取决于全要素生产率的变动；吴敬琏（2012）指出，只有提高全要素生产率对经济增长的贡献，才能走出长期依赖出口和投资驱动的增长困境；刘瑞翔（2013）认为，要转变中国的经济增长方式，关键是要让全要素生产率成为中国长期的、稳定的增长源泉；赵文军和于津平（2014）指出，经济增长方式转变的本质就是提高全要素生产率对经济增长的贡献率；蔡昉（2015）认为，创新驱动和经济增长方式转变成功与否，最终都要以提高全要素生产率及其对经济增长的贡献作为衡量标准。

综上而言，可以将现阶段我国经济增长方式转变（Transformation of Economic Growth Pattern）的目标和要求归结为：改变高度依赖要素投入的粗放型增长方式，提高全要素生产率及其对经济增长的贡献份额，使全要素生产率成为经济增长的主导力量。

2.1.3　经济增长方式转变的实现路径

如何实现向集约型的目标增长方式转变呢？西方学者倾向于关注制度变革对全要素生产率进而对经济增长方式的影响。其理论基础为新制度经济学，认为有效的制度安排会通过影响激励结构、资源配置效率和收益权的归属等刺激民间投资和技术创新，最终实现经济的可持续增长（North 和 Thomas，1973；Haber 等，2003；Acemoglu 等，2004）。

国内学者的研究视角则较为多元，提出了以下实现路径。①经济体制改革。认为传统经济增长方式的根源在于现行经济体制（吴敬琏，2006），通过经济体制改革解决资源优化配置问题和形成有效的激励约束机制，建立完善的市场经济体制是转变经济增长方式的必要或前提条件（王小鲁，2000；卢万青，2013）。具体应从以下几个方面展开：一是加快要素价格体系改革，通过提高原材料价格和能源价格以及征收资源、能源使用税来提高资源的使用成本，使企业实际支付的要素价格符合我国的要素禀赋结构（林毅夫和苏剑，2007）；二是加快金融体制改革（朱启铭，2006）；三是健全知识产权和私有产权保护制度（丁辉侠，2012）；四是完善经济法律制度，推动不同经济法主体力量的共同治理及"硬法"和"软法"机制的合力规范（王红一，2011）。②政府职能转换。认为我国粗放型经济增长方式与政府经济职能转变滞后紧密相关（黄晓鹏，2006；卫兴华和侯为民，2007），改革的方向在于从政府主导型增长方式转变为市场起决定性作用的增长方式（魏杰和施成杰，2014），主张限制政府权力、建设有限政府（吴敬琏，2006）。此外，王小鲁等（2009）通过实证研究发现，政府行政管理成本的膨胀抑制了生产率提高；龚刚和陈琳（2007）则认为，财政政策目标应该从需求管理转向供给推动。③产业结构升级。强调发展生产性服务业的重要性，认为生产性服务业能够为市场交易提供基础设施并降低交易成本（吴敬琏，2006），有助于促进社会分工和把技术进步引入生产过程（陈保启和李为人，2006）。④技术进步。学者们普遍认同当前我国的技术进步主要来自技术引进，但是对于未来的技术进步路径选择问题——技术引进还是自主创新，则形成了不同的意见。有的认为在今后较长的时期内仍要继续坚持利用外资引进技术的战略（唐未兵等，2014），有的则坚持认为当前技术前沿和技术封锁越来越复杂，技术引进是不可持续的，必须向自主研发和创新型的技术进步模式转变（龚刚等，2013）。

⑤其他途径，包括循环经济和节能减排（林卫斌等，2012；尚勇敏等，2014）、贸易开放和国际直接投资（赵文军和于津平，2012）、人力资源开发（佟雪铭，2009）等。

但是，也有学者对这些宏大的研究视角提出了批判，如 Glaeser 等（2010）就指出只关注影响经济增长方式的宏观因素是不够的，不能忽略微观因素如企业家对经济增长方式转变的作用。实际上，经济增长方式转变是一个融宏观经济运行和微观主体行为于一体的系统工程，宏观的增长方式取决于微观的企业行为，企业和企业家正是经济增长方式的微观载体（卫兴华和侯为民，2007）。关于企业家精神与经济增长方式转变关系的研究，将在下文关于企业家精神的研究文献中介绍。

2.1.4 全要素生产率

2.1.4.1 内涵与意义

由上文分析可知，全要素生产率对于经济增长方式转变具有举足轻重的意义。全要素生产率（Total Factor Productivity，TFP）是指扣除了资本和劳动等要素投入的贡献之外，其他所有能够实现经济增长的因素贡献之和。自从 Solow（1956）奠定了新古典增长理论的基石以来，无论从理论分析、实证研究还是历史经验的角度看，TFP 对于保持经济可持续发展的决定性作用都被广为认可和接受（蔡昉，2013）。①就理论角度而言，对于处在较低发展阶段的国家来说，由于存在技术和生产率的差距，经济增长具有后发优势，可以主要依靠资本、土地和劳动力的投入实现；而对于处在更高经济发展阶段的国家来说，在资本报酬递减规律作用下，资本驱动型增长被证明不可持续，经济增长必须依靠全要素生产率的提高。②就实证角度而言，全要素生产率可以解释可持续经济增长与经济停滞的反差，也可以解释为什么一些国家陷入了"中等收入陷阱"、一些国家正面临着"中等收入陷阱"的挑战,而另一些国家却能摆脱"中等收入陷阱"的困扰(Krugman,1994;Hayashi 和 Prescott,2002;帕伦特和普雷斯科特,2010;Eichengreen 等,2012)。③就历史角度而言,新加坡政府认识到全要素生产率对于经济增长可持续性的重要性,于 20 世纪 90 年代把全要素生产率每年提高 2% 设定为国家目标,从此创新能力和竞争力不断提高;美国经济学家保罗·罗默在为中国制定"十二五"规划提供建议时,提出中央政府应该改变 GDP 考核的做法,代之以全要素生产率考核和评价。

2.1.4.2 测算方法

对 TFP 的测算主要有两大类方法:参数方法和非参数方法。参数方法包括索洛残差法、隐性变量法和前沿生产函数法,非参数方法包括 DEA-Malmquist 指数法和 HMB 指数法。就中国的 TFP 测算而言,常用的有三种方法:索洛余值法、随机前沿生产函数法(SFA)和数据包络分析法(DEA)。

早期研究以索洛余值法为主,但是由于数据来源和处理不同,这些研究的结论往往大相径庭(吕冰洋和于永达,2008)。一些学者开始指出索洛余值法在实证分析中存在的严重缺陷:①具体的生产函数需要对生产做出某种限制,如规模报酬不变等,再通过计量经济学方法估计所需参数,而估计方法本身又通常隐含着在估计区间内参数不变的假设。显然,这些限制不符合生产实际,因为现代化大生产中经常可以观察到规模报酬递增的情形,而且在估计区间内参数实际上也在不断变化。② 生产函数假设实际生产总是 100% 技术有效,现有技术条件和投入要素约束下总能取得最大产出,也就是说,生产活动总在生产可能性前沿上进行。然而事实绝非如此,现实经济活动中技术无效率的情形比比皆是,因此索洛余值项实际上包含了技术无效率,夸大了技术进步的程度。

于是,后期研究的测算方法转向随机前沿生产函数法、数据包络分析法等。在随机前沿生产函数法中，总生产函数由两部分组成，即前沿生产函数部分和非效率部分。它的优点是将 TFP 至少分解为技术进步和技术效率改进，同时通过"干中学"、管理改善、政策变革等因素对非效率项的影响，可以讨论政策对 TFP 的作用等。

不过，无论是索洛余值法还是随机前沿生产函数法，都假设参数不变，仍属于静态研究方法，而我国改革开放以来经济发展变化剧烈，假设各期参数不变的静态研究方法显然与中国实际不符，因此，采用动态研究方法就变得尤其重要（段文斌和尹向飞，2009）。基于数据包络分析（Data Envelopment Analysis，DEA）的 Malmquist 生产率指数法就是动态研究方法的一种。数据包络分析不能直接应用于 TFP 测算，它需要与 Malmquist 指数结合起来测算 TFP 的变化。Malmquist 指数是 1953 年由瑞典经济学家和统计学家 Malmquist 提出的，最初用于消费分析，即以某个消费群体的无差异曲线作为参考集，利用输入距离函数来比较两个或更多的消费群体。Caves 等（1982）将 Malmquist 的思想用于分析生产率增长，产生了基于 DEA 的 Malmquist 生产率指数法，并被广泛接受和使用。此后，对 Malmquist 指数的研究不断出现新的进展。例如，Bjurek（1996）提出了不同于 CCR 方法的 Malmquist 指数；Grifell-Tatjé 和 Lovell（1998）改进了 Malmquist 指数，在指数的准确性和对有关因素的经济解释方面更进了一步。

上述三种测算方法的优缺点和代表性文献归纳如表 2-1 所示。综合而言，DEA-Malmquist 生产率指数法具有不需要对生产函数结构做出先验假定、不需要对参数进行估计、允许无效率行为存在、能对 TFP 变动进行分解等优点，因而成为目前中国学者测度 TFP 的最主要方法（章祥荪和贵斌威，2008）。

表 2-1 三种主要的 TFP 测算方法比较及代表性文献

方法	优点	缺点	代表性文献
索洛余值法	模型简单； 计算方便； 合乎经济原理	假定技术进步具有外生性、非体现性、希克斯中性，夸大技术进步程度；假定规模报酬不变；参数估计存在主观随意性；等等	Chen 等（1988）；Dollar（1990）；Groves 等（1994）；Huang 和 Meng（1997）；谢千里等（1995）；Sachs 和 Woo（1997）；沈坤荣（1999）；黄勇峰和任若恩（2002）；张军和施少华（2003）
随机前沿生产函数法	将 TFP 分解为技术进步和技术效率改进； 研究非效率项的影响因素； 要素投入内生化	函数的估计参数太多；随机前沿受少数样本影响较大；测算结果变动剧烈	涂正革和肖耿（2005）；王争等（2006）；王志刚等（2006）；李胜文和李大胜（2008）；全炯振（2009）；张乐和曹静（2013）
数据包络分析法	不需要考虑生产函数的形态； 不需要价格信息； 允许多投入和多产出； 变量权重不受主观因素影响	易受随机因素影响；技术进步和技术效率增长率的变化方向往往是相反的；投入或产出角度的选择存在任意性和不可比性	颜鹏飞和王兵（2004）；郑京海和胡鞍钢（2005）；郑玉歆（2007）；吕冰洋和于永达（2008）；刘秉镰和李清彬（2009）；邵军和徐康宁（2010）；魏下海和余玲铮（2011）；肖林兴（2013）；王霞等（2015）

资料来源：根据章祥荪和贵斌威（2008）、刘光岭和卢宁（2008）、段文斌和尹向飞（2009）等文献综合整理。

2.1.4.3 测算结果

由于测算方法和数据不同（如基期资本存量的估计、投资品价格指数和折旧率的确定），不同的研究对我国 TFP 增长率的测算结果存在一定分歧。例如，对我国 1979—1998 年 TFP 平均增长率的估计值，Young（2000）测算为 1.4%，Wang 和 Yao（2003）测算为 2.32%，Chow 和 Lin（2002）测算为 2.68%，张军和施少华（2003）测算为 2.8%，沈坤荣

（1999）测算为 3.9%，叶裕民（2002）测算为 4.59%。

尽管测算结果的数值大小存在差异，但是绝大多数研究对我国 TFP 变化的长期趋势达成了两点共识。第一，改革开放以前的经济增长是低效率的，TFP 增长十分缓慢，而改革开放以后经济增长质量比改革开放以前有了较大的改善（段文斌和尹向飞，2009）。第二，改革开放以后又可划分为两个阶段，对应两种增长模式（郑京海和胡鞍钢，2005；刘瑞翔，2013）：1978—1995 年是第一阶段，称为 TFP 高增长期，表现为高经济增长、高生产率增长，即经济增长比改革开放之前明显提高主要是由于 TFP 增长率由负变正；1995 年之后是第二阶段，称为 TFP 低增长期，表现为高经济增长、低生产率增长，生产率变化的具体特征是技术进步的速度减慢、技术效率有所下降。

有研究显示，我国 TFP 的增长率及其对经济增长的贡献程度自 2008 年国际金融危机以来持续下滑。例如，朱子云（2017）的测算显示，TFP 由大幅增长转向负增长是 2007—2014 年中国经济增长大幅减速的最主要因素，贡献了 87.7% 的 GDP 增速降幅。刘明康（2016）对 TFP 发展趋势进行了国际比较，发现中国的 TFP 增速在 2008 年迅速回落，TFP 对经济增长的拉动作用在 2013 年接近于零、2014 年转向负拉动。即使在国际金融危机的影响逐步消除之后，这一下降趋势仍然没有停止，这与欧美发达国家和金砖国家 TFP 反弹或恢复平稳增长形成了鲜明对比，需要引起我们的高度重视。

2.2　关于企业家精神的研究

关于企业家精神的研究非常丰富，散见于经济学、组织行为学、领导学、心理学等不同学科之中。为了聚焦讨论主题，这一部分的研究综述将主要介绍企业家精神与经济增长的相关研究成果。

2.2.1 企业家精神的内涵与测度

2.2.1.1 企业家精神的内涵与分类

关于企业家精神（Entrepreneurship）的讨论，从经济学成为一门学科起就开始了，然而对它的内涵还未达成一致的认识。企业家精神是社会经济生活中一个"微妙而难以捉摸的角色"（Baumol，1990），其含义的广泛性、不稳定性、多层次性使之成为一个多维概念（靳卫东和高波，2008），不同的定义反映了特定的看法或各自强调的重点。例如，Stopford 和 Baden-Fuller（1994）认为企业家精神应包括前瞻性、超越现有能力的渴望、团队定位、解决争端的能力和学习能力五个特质；Wennekers 和 Thurik（1999）认为企业家精神应该包括对风险和不确定性的认识、对经济资源的组织和配置能力、发现新商机的能力等十三个方面的内容；Bhaduri 和 Worch（2005）认为企业家精神可以从对不确定性的容忍态度、开发和探索新技术机会的能力、对组织架构和协调的倾向三个方面衡量；等等。

根据 Hébert 和 Link（1989）的经典综述文章，理论文献对企业家精神内涵的讨论大致可以划分为三大学派。①以熊彼特（Schumpeter，1934）和鲍莫尔（Baumol，1968、1990）为代表的德国学派，强调企业家的创新精神。其中，熊彼特首次系统强调了企业家的创新者角色，认为企业家是经济中的创造性破坏力量；鲍莫尔则区分了企业家的生产性和非生产性活动。②以奈特（Knight，1921）和舒尔茨（Schultz，1980）为代表的芝加哥学派，注重企业家的风险承担能力和冒险精神以及应对市场失衡的能力。其中，奈特将企业家角色与风险承担者联系起来，强调企业家处理未来不确定性的能力；舒尔茨认为经济的长期增长是一个充斥着各种类型失衡的过程，企业家才能就是应对失衡的能力。③以米塞斯（Mises，1951）和柯兹纳（Kirzner，1973、1979）为代表的奥地利学派，关注企业家对市场机会的识别能力。其中，米塞斯认为由于市场是不完美的，人类行为的结果常常是不确定的，企业家就是努力消除蕴藏在行为中的不确定性的行动者；柯兹纳指出新古典经济学描绘的均衡世界不可能自动实现，市场常常处于不均衡状态，正是这种不均衡状态的存在才使得企业家有用武之地。

由于其内涵的广泛性，对企业家精神也形成了不同的分类。其中，以全球创业观察机构（Global Entrepreneurship Monitor，GEM）划分的生存型企业家精神（Necessity Entrepreneurship）和机会型企业家精神（Opportunity Entrepreneurship）的认可度和引用度最高，这一划分来自创业者对该问题的回答："你参与创业活动是由于发现了创业机会，还是由于没有更好的工作机会？"可见，生存型企业家是指由于找不到更合适的工作而不得不成为企业家的人，主要是为了维持家庭生活或体面的个人生活；机会型企业家则是指为了追求某种商业机会而创立企业的人，其动机是为了获得更多收入、更加独立自由或实现个人价值（Zacharakis 等，2000）。现有研究发现二者发生概率的相关性很低且不显著，表明二者的创业动机明显不同（Reynolds 等，2002），同时二者成功的影响因素也有很大差异（Block 和 Wagner，2007）。因此，这种区分得到学术界和实务界的广泛认同，如德国等国家明确区分了针对生存型和机会型企业家精神的支持政策（Bergmann 和 Sternberg，2007）。

2.2.1.2 企业家精神的测度

企业家精神内涵的广泛性、不稳定性，也造成了测度指标、方法的多种多样。这些方法根据其度量指标使用的个数可以分为两种类型：单一指标和复合指数。前者主要是使用某一个与企业家精神相关的指标作为其代理变量，后者则是将与企业家精神相关的因素通过统计、分析与综合而形成指标体系。

（1）单一指标。以单一指标测度企业家精神多见于计量实证文献中，着重于企业家精神特征的某一方面，并使用最能体现这一特征的数据进行度量。这是因为：首先，在计量实证研究中，由于统计资料可得性的限制，企业家精神的测度指标不可能无限选取，只能限定于从一个或几个比较重要的方面来研究；其次，在逻辑实证研究中，受限于现有的研究方法，企业家精神的定义也显得较为具体和简单。社会层面的企业家精神测度研究主要借鉴了产业经济学的研究成果，认为企业家精神往往会从企业的行为中体现出来，对企业行为过程的度量可以反映该区域企业家精神的状况，因此常用指标有自我雇佣比率、企业的进入退出比率、企业所有权比率、小企业所占市场份额等。具体介绍如下。

自我雇佣是指通过建立自己的企业获得资本收益的行为（Black 等，1996），主要包括单一业主、合伙企业的合伙人、一人公司的老板，自我雇佣比率就是自我雇佣者占劳动力的比率。Blanchflower（2000）以自我雇佣比率作为潜在企业家精神的度量指标，调查了 23 个国家共 25000 个样本人口的自我雇佣情况，发现工业化程度越高的国家自我雇佣比率越高，如波兰、葡萄牙、美国都具有很高的自我雇佣比率，而挪威、丹麦、俄罗斯则较低，并且发现自我雇佣的职业者具有比被雇佣者更高的职业满意度。OECD 在 2001 年对组织内各国的劳动力进行了调查，将劳动者划分为雇员和自我雇佣者，发现不同国家的自我雇佣情况与人均 GDP、失业、服务部门的规模以及平均征税幅度等变量相关。自我雇佣比率指标的缺点在于数据记录范围过大（从渔民和理发师到软件设计工程师），另外，自我雇佣比率的测定方法仅从一定程度上体现了企业家的风险承担能力和发现市场机会的能力，不能全面反映诸如大企业的产品创新、新市场的发现和开拓等创新行为。

企业的进入退出比率包括了企业进入、退出和变动比率。Geroski

（1995）、Joh（1999）、Yu（2003）等的研究都表明，企业的进入和退出导致了行业的波动，推动市场结构趋于分散化，最终促进生产率的提高。因此，高的企业更替率表明经济环境比较富有竞争性，创新的创业者可以取得成功，企业家精神也更丰富。但是，企业的进入退出比率指标也有不足：首先，某些技术的新发明和新运用是通过产品市场的扩大来体现的，而不一定是通过企业的进出，有资料表明现有企业内部的创新行为往往比新建企业的创新行为更加重要；其次，过多的新建企业虽然可以加速创新技术的扩散，但也会抑制其他企业的创新行为（Audretsch 和 Thurik，2001）。

企业所有权比率指的是企业所有者人数占所有劳动力人数的比率。有充分的证据表明，从20世纪70年代起，小型生产企业已经开始在西方经济中崛起（Acs 和 Audretsch，1993），大型企业已经缩小规模并调整结构以突出核心业务，这种现象不能通过自我雇佣比率来解释，而应通过企业所有权比率或企业的商业所有权比率来解释。同时，该指标还可以衡量不同时间和不同区域的企业家创新行为，进行跨地区、跨国和跨期比较，因此 Audretsch 等（2002）和 Carree 等（2002）均采用企业所有权比率来反映企业家行为的活跃程度，OECD 的研究文献也倾向于用企业所用权比率作为衡量企业家精神的变量。但是，企业所有权比率也存在一些缺点：首先，企业所有权比率将不同类型的企业家行为用同一指标来衡量，没有区分产业技术含量的高低；其次，由于不同类型的企业家精神所带来的影响不同，因此不同类型的企业家精神在总效果中的权重也应该加以区分；最后，该比率是以企业的股票所有者而不是企业的创立者为标准的，这等于将企业家的实际范围扩大了。

在小企业崛起的形势下，也有学者支持用小企业所占市场份额来衡量企业家精神。Rothwell 和 Zegveld（1981）的实证研究表明，美国小企业贡献了27%的激进式创新和37%的渐进式创新。因此，学者们普遍认同公司大小与公司增长率、公司存在年限成反比，小公司比大公司具有更高的增长率，小公司的增长率越高，将导致更低的失业率和更高的经济增长。但是，很明显小企业并不能代表企业家精神的全部。

企业家精神测度的单一指标及 2004—2014 年应用单一指标的代表性实证文献如表 2-2 所示。

表 2-2 企业家精神测度的单一指标及代表性文献（2004—2014 年）

指标	计算方法	代表性文献
企业进入比率	企业进入数量/在位企业数量	Brandt（2004）；Aghion 和 Bessonova（2006）；Foster 等（2006）
企业变动比率	企业进入和退出数量/在位企业数量	Hedén（2006）；何予平（2006）；Bosma 等（2011）
人均新企业数	新企业数量/人口总数	Audretsch 和 Keilbach（2004）；He 等（2010）
企业所有权比率	企业所有者数量/就业人数	郑江淮和曾世宏（2009）；Erken 等（2009）；Moradi（2011）；张小蒂和姚瑶（2011）；Cumming 等（2014）；曾铖等（2017）
自我雇佣比率	自我雇佣人数/就业人数	Glaeser（2007）；Bjørnskov 和 Foss（2010）；Salas-Fumás 等（2014）
个体和私营企业从业人员比率	个体和私营企业从业人员数/从业人员总数	李宏彬等（2009）；袁红林和蒋含明（2013）

资料来源：根据相关文献整理。

（2）复合指数。以复合指数测度企业家精神多见于社会机构的调查研究。这些研究认为，任何单一的指标都无法全面反映社会层面的企业家精神，因此倾向于从多个方面运用一系列指标来综合考察企业家精神。Gnyawali 和 Fogel（1994）最先提出用一个整体的概念框架整合企业环境的相关文献，在社会环境如何满足、引导或强化企业家的需求与推动新企业的创立二者之间建立明确的关联。在此基础上，Lerner 等（1997）、Brown 和 Kirchhoff

(1997)、Hung(2006)等也尝试建立不同的复合指标体系。本书列表对比了常见的复合指数(见表2-3),其中最为权威知名的是全球创业观察(Global Entrepreneurship Monitor,GEM)指数和世界银行企业调查(World Bank Group Entrepreneurship Survey,WBGES)指数,但是这些基于问卷调查的企业家精神测度指数存在工作量庞大、主观性较强、偏重创业意愿而非行为等缺点[1]。

表2-3 企业家精神测度的常见复合指数

指数类别	指数名称	调查范围	数据来源	主要特点
创业环境指数	GEM	73个经济体	问卷、专家访谈	侧重于整体环境,有9个维度
	EDBI	189个经济体	专家问卷调查	侧重于法规环境,有10个维度
	GEDI	120个经济体	主要是二手数据	结合了制度和个体要素,有3个维度
创业活动指数	TEA	69个经济体	问卷调查	包含了正在创业和创业三年半内的创业人员
	KIEA	美国50个州	CPS数据	侧重于创业企业第一个月的重要商业活动
	WBGES	139个经济体	企业注册登记部门	侧重于正式登记创办的企业

资料来源:潘剑英和王重鸣(2014)。

注:GEM(Global Entrepreneurship Monitor),即全球创业观察;EDBI(Ease of Doing Business Index),即营商环境便利指数;GEDI(Global Entrepreneurship and Development Index),即全球创业与发展指数;TEA(Total Early-stage Entrepreneurial Activity),即全员早期创业活动,是GEM报告中开发出来的一个创业活动指数;KIEA(Kauffman Index of Entrepreneurial Activity),即考夫曼创业活动指数;WBGES(World Bank Group Entrepreneurship Survey),即世界银行集团创业调查。②世界银行已于2010年将EDBI指数和WBGES指数合并。

---

[1] 如GEM中的TEA指数来自对受访者创业计划或心理准备的问卷调查,更多体现的是创业意愿。但是,创业意愿并不足以使一个人成为企业家。Acs和Audretsch(2001)的研究表明,在年轻人群中TEA指数往往较高,但实际上最终参与创业的比例较低,相反在中年人群中TEA指数相对较低,但最终参与创业的比例较高。

2.2.2 增长理论中的企业家精神研究

回顾企业家精神研究在经济增长理论中的角色及其变迁可以发现，经济实践的变化使得理论界更加关注企业家精神的作用，这有助于理解本研究所具有的时代意义。借鉴 Audretsch 等（2006）的观点，本书将 20 世纪以来经济增长理论的发展划分为三个阶段：资本（索洛）经济阶段、知识（罗默）经济阶段、企业家经济阶段。

在资本（索洛）经济阶段，理论基础是以索洛模型为代表的新古典增长理论，它将物质资本和劳动力视为经济增长的决定要素，主要作用路径是：要素投入→规模经济→经济增长，资本投入成为政府治理经济的核心。这一阶段的社会生产实践以大规模生产为主导，企业家和中小企业的作用被忽视。随后，"列昂惕夫之谜"的出现使经济学家们开始思考知识要素在经济增长中的作用，这标志着知识（罗默）经济阶段的开始。在知识（罗默）经济阶段，理论基础是以罗默（Romer，1986）和卢卡斯（Lucas，1988）的研究成果为代表的内生增长理论，它将知识投资视为经济增长的核心要素，主要作用路径是：知识投入→报酬递增→经济增长，知识投资成为经济政策的重心。不过，内生增长理论的缺陷在于假定知识投资能够自动转化为经济产出，这造成了理论与现实的脱节，尤以"欧洲悖论"为肇始，学者们逐渐将目光投向知识转化环节，进而聚焦到被增长理论长期忽视的关键变量——企业家精神。此后一系列理论研究揭示了企业家精神与知识经济的逻辑关联：由于新知识具有高度的价值不确定性、信息不对称性和高交易成本等特征，所以只有解决这三个问题才能将新知识转化为新产品等经济产出，而企业家精神的冒险性、前瞻性等特质使其成为唯一的转化载体，作用路径表现为：企业家精神→知识溢出→经济增长。这也得到了众多国外（Reynolds 等，1999；Acs 等，2004；Dias 和

McDermott, 2006; Praag 和 Versloot, 2007; Audretsch 等, 2008）和国内（Tan, 2001; 李华晶, 2010; 张小蒂和姚瑶, 2011）经验研究的支持。三个阶段的简要对比如表 2-4 所示。

表 2-4 资本、知识、企业家经济阶段的简要对比

发展阶段	理论基础	经济增长路径	政策重心
资本（索洛）经济阶段	新古典增长理论	要素投入→规模经济→经济增长	资本投入
知识（罗默）经济阶段	内生增长理论	知识投入→报酬递增→经济增长	知识投资
企业家经济阶段	知识溢出理论	企业家精神→知识溢出→经济增长	企业家精神

资料来源：根据李政（2010）、董昀（2012）、张晖明和张亮亮（2014）等文献综合整理。

可以看出，企业家精神研究是对内生增长理论的一个新拓展，弥补了原先以大规模、标准化生产为主要特征的经济发展阶段中大企业"程序化创新"对知识经济增长解释力不足的缺陷，使人们开始重新审视企业家精神和"分散式创新"在解释"剩余"增长即生产效率方面的作用。

2.2.3 企业家精神与经济增长方式转变

正如前文提到的，现有关于经济增长方式转变路径的研究更多关注经济体制、产业结构等宏观因素，忽略了企业家精神等微观因素的作用。目前，关于企业家精神和经济增长方式转变的研究仍处于起步阶段。国外方面，McMillan 和 Woodruff（2002）、Gries 和 Naudé（2010）对发达国家经济转型的研究表明，经济增长方式转变主要是企业家精神支持下的技术创新、生产要素重新组合的结果。国内方面，也有学者慢慢关注到了这一点，如在企业家精神（张维迎和盛斌，2004；庄子银，2007）及内涵相近的企业家职能（郑江淮和曾世宏，2009；刘年康等，2013）、企业家资本（张晖明和张亮亮，2011）促进经济增长的讨论中，涉及了经济增长方式

转变；还有学者从逆向的视角指出，低效率增长方式的根源在于缺乏有效供给的主体——以利润为目标的真正企业和企业家（王诚，1999），中国企业陷入创新能力低谷的根本原因是对于"制度型企业家精神"的路径依赖（程虹等，2016），正是企业家转型的滞后阻碍了我国经济增长方式的转变（焦斌龙和冯文荣，2007）。遗憾的是，系统研究企业家精神对经济增长方式影响的文献依然非常少见（刘年康等，2013；曾铖等，2015）。

2.2.3.1 理论机理

虽然学者们对企业家精神与经济增长的关系进行了大量理论分析和实证检验[①]，但这类文献只关注经济增长的速度，忽视了经济增长的方式及其转变。显然，前者重量，后者重质；前者重速度，后者重动力；前者重眼前，后者重可持续性。可以推断，企业家精神对二者作用的机理也有很大不同，对经济增长的分析并不能替代对经济增长方式的分析。不过，学者们从不同视角进行的局部分析，仍有助于梳理和深化对企业家精神驱动经济增长方式转变机理的认识。本章进行了系统的文献梳理，将它们归结为三个视角，具体如下。

（1）企业家职能视角：资源配置、技术创新、制度构建。企业家职能视角是指从企业家的基本功能或职能配置（Baumol，1990）的视角，分析企业家精神驱动经济增长方式转变的机理。焦斌龙和冯文荣（2007）的观点可作为这一视角的概述：企业家是资源的最终配置者，是技术创新的发动者、应用者和推广者，是制度环境的构建者和市场环境的塑造者，因此企业家是经济增长方式转变的微观推动力量。

企业家精神通过资源配置、技术创新的路径驱动经济增长方式转变，这不难理解，因为它们普遍被认为是企业家的两个基本功能。舒尔茨认为

---

① 国外 Wennekers 和 Thurik（1999）、国内张晖明和张亮亮（2011）对此做了详尽的文献综述。

企业家精神的核心就是成功应对市场失衡的能力，即"重新配置资源，以获得各种可观察到的报酬"。熊彼特认为企业家精神的核心是创新，通过"创造性毁灭"打破市场均衡。张维迎和盛斌（2004）直言"企业家就做两件事：一是发现不均衡；二是创造不均衡"。前者是指捕捉市场不均衡带来的盈利机会，通过优化资源配置，纠正市场不均衡；后者是指通过创造新产品、新技术，打破原来的市场均衡，获取新市场、新客户。可见，正是市场非均衡状态的存在才使得企业家有用武之地（Krizner，1979），企业家精神通过资源配置和创新，不断地纠正和创造市场的不均衡，循环往复，提升市场效率，进而推动经济增长方式的转变。

资源配置方面。经济增长方式是对资源组合方式的概括，转变的实质是用投入产出效率较高的资源组合方式代替较低的资源组合方式，也就是资源重新配置的过程。由于实际生产活动中存在广泛的技术无效率情形，所以资源重新配置被认为是转变经济增长方式的最重要来源。以新企业代替老企业为例，如果市场对新技术和新产品的需求足够大，或新建企业的产生呈现出聚集效应，或新技术和新产品创新呈现出一个较高的速度，则新建企业将对现有企业形成冲击、震荡，这种外部性将吸引越来越多的新企业建立，最终淘汰现有企业（Stein，1997）；相应地，劳动力从老企业向新企业转移的过程也在一定条件下促进了"创造性毁灭"的进程。如Foster等（2001）实证发现，美国制造业1977—1987年生产率的增长中34%归因于新企业的进入，24%是由工人在不同企业之间重新配置贡献的。考虑到市场经济体制下企业家是最终的资源配置者，所以经济增长方式转变是一个企业家主导的过程。郑江淮和曾世宏（2009）、刘年康等（2013）通过建立理论模型证明，企业家职能在研发部门的效度越高，新增资本和新增劳动力就越容易向研发部门转移。

技术创新方面。虽然 Romer（1990）明确指出技术进步是经济增长的引擎，但技术进步内生化过程并不能解决研发动力和知识生产机制产生的问题，技术创新和知识增长依然是外生的。Aghion 和 Howitt（1992）也指出，在劳动力市场均衡条件下，预期下一期研究越多、对高技能劳动力需求越大，高技能劳动力的工资就越高，这将降低本期研究中排他性知识的垄断租金，打击本期研究的积极性，导致经济陷于无增长的困境，而打破这一困境的动力来自对研究开发和劳动力技能的大量投资。刘年康等（2013）构建了从单一制造部门向研发制造两部门转变的理论模型，证明了企业家职能的效果越突出，经济体从单一制造部门向研发制造两部门转变的趋势越显著。

企业家对制度环境的影响也被认为是其驱动经济增长方式转变的渠道。鲍莫尔（Baumol，1990）认为制度结构通过改变企业家面临的报酬结构影响企业家职能的配置方向，并区分了生产性活动、非生产性活动和破坏性活动，强调企业家职能的配置是理解企业家活动对经济繁荣贡献的关键。Acemoglu（1995）进而指出，在动态经济中，过往的报酬结构及其未来预期导致了经济增长的路径依赖。对于发展中国家而言，经济增长方式转变就是从技术模仿阶段过渡到自主技术创新阶段，把投资阶段的企业家塑造为创新阶段的企业家。这种转换的关键是建立一个企业家淘汰机制，因为只有低技能的企业家让位于高技能的企业家，才能避免使原来的企业家陷入投资驱动模式（Acemoglu 等，2006）。张维迎和盛斌（2004）也指出，如何从简单的套利者和模仿者转变为熊彼特意义上的创新者，是中国企业家面临的主要挑战。但事实上，企业家并不只是制度环境的被动接受者，在一定程度上也扮演了制度环境的直接构建者角色。新制度经济学认为制度变迁通常是由外来冲击以及要素相对价格变化引起的，而对这些冲击和变化最为敏感的人群就是企业家。回顾我国改革开放的历史，企业家在体制外发展民营经济，在体制内推动现代企业制度和混合所有制经济发展，对建立和完善我国市场经济体系发挥了重要作用。相信随着企业家阶层的兴起，在我国制度变迁的过程中，由企业家发起的需求诱致性制度变迁和制度创新将占据主导地位（焦斌龙和冯文荣，2007）。

（2）企业家人力资本视角：一揽子要素配置的"干中学"、适宜技术选择。也有学者从企业家精神的人力资本属性角度展开研究。内生增长理论将人力资本作为经济增长的引擎（Lucas，1988），强调人力资本的"干中学"及其扩散效应带来生产的规模报酬递增，推动内生技术进步的实现。而企业家作为高级人力资本，与内生技术进步具有共生耦合的逻辑联系（姚瑶，2013），表现在以下三个方面。第一，不同于一般人力资本只掌握单一生产要素，企业家通过对资本、技术、管理等一揽子要素的优化配置实现"干中学"，从而既驾驭技术创新又高于技术创新。因此，创业家对内生技术进步的影响作用高于一般人力资本。第二，由于人力资本的"干中学"效应受到特定要素投入的制约（Acemoglu 和 Zilibotti，1999），即存在"局部干中学"效应（Localized Learning-by-doing），因此需要选择适宜的技术。企业家通过选择符合本地技术结构、要素投入结构和禀赋结构特征的适宜技术，同时注重引进技术设备中资本内嵌型技术的运用（Delong 和 Summers，1991），较好地促进内生技术进步的实现。第三，人力资本的"干中学"和技术扩散相互作用，既能促进本地区的持续创新，又能通过技术扩散效应帮助那些积累了一定人力资本存量或企业家资源的后发地区赶超先发地区，实现一定程度上的"蛙跳型经济增长"（Basu 和 Weil，1998）。

（3）管理要素投入视角：配置与激励。马歇尔最先提出了新古典理论的第四生产要素，即管理要素。管理要素作为一种知识性资源和知识性投入，主要是指企业家及其领导下的管理层所拥有的知识。有不少学者将企业家精神作为一种管理要素投入，并引入内生增长模型，考察它对生产效率提高的作用。这些研究认为管理要素不仅具有配置功能，也具有激励功能：由于劳动具有可激励的特征，劳动在生产中存在很大的潜能，劳动努力程度的提高需要企业家给予激励。毕泗锋（2008）构建了一个引入企业家（管理者）要素的企业生产模型，认为由于劳动合同的不完全，虽然报酬可以事先约定好，但其真实的劳动付出会随着努力程度而变化，因此企业家（管理者）通过影响生产者的努力程度间接参与生产，在生产函数中居于关键位置。周卫民（2011）结合企业家的激励能力和劳动者的努力程度，构建了两部门经济内生增长模型，证明了在物质资本配置不变的前提下，通过加强管理要素对劳动的激励作用，可以实现人均资本（K/L）的增加，从而提高产出增长率。这一发现否定了资本深化理论关于生产效率提高只能依靠增加物质资本投入的论断，反映了管理要素的边际报酬递增特征，充分说明企业家精神作为一种管理要素投入，对提高生产效率、转变增长方式具有极其重要的意义。

曾铖等（2015）对上述研究进行了整合，指出这些分析不仅在理论上未成体系，实证上也流于简单，为此构建了如图 2-2 所示的理论模型，并对影响机制做了详细说明。一方面，市场不均衡驱动企业家的创业精神，通过企业进入、退出、扩张、萎缩等资源重新配置行为，纠正市场不均衡；另一方面，企业家引入新产品、新技术、新原料、新市场、新组织方式等的创新精神又打破了原有的市场均衡，创造出新的市场不均衡。这两个方面分别推动了技术效率改进和技术进步，并相互作用，从而推动全要素生产率的螺旋式上升和经济增长方式的集约化。

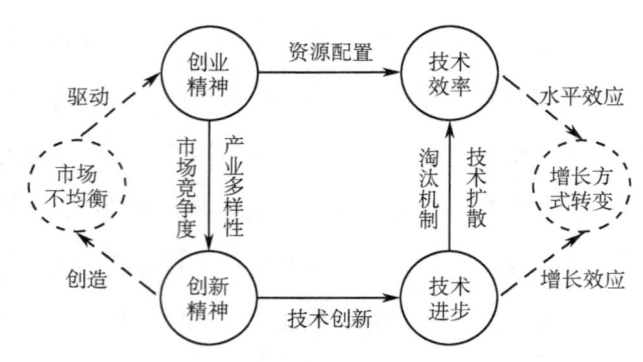

图 2-2 企业家精神对经济增长方式转变的影响机制

2.2.3.2 实证检验

本书整理了 2004—2014 年具有代表性的国内外实证文献（见表 2-5），样本覆盖美国、英国、德国、日本、OECD 成员国等，以及中国各省（区、市）、长三角地区等，时间跨度长，基本都取得了一致的结论，证明企业家精神对经济增长方式转变存在正面促进效应。

表 2-5　企业家精神驱动经济增长方式转变的实证文献（2004—2014 年）

文献	样本 地区/行业范围	时间跨度	度量指标 企业家精神	经济增长方式	实证结论
Audretsch 和 Keilbach（2004）	德国 327 个地区	1989—1992	新企业数占人口比重	LP	弹性约为 0.17
Brant（2004）	欧盟九国的制造业、服务业	1998—2000	企业进入比率	TFP、LP	正相关，且服务业相关系数大于制造业
Hedén（2006）	瑞典制造业	1999—2000	企业变动比率	TFP、LP	可解释 50% 的 TFP 增长和 60% 的 LP 增长
Aghion 和 Bessonova（2006）	英国制造业	1987—1993	企业进入比率	TFP	正相关，尤其是在接近技术前沿的产业

续表

文献	样本 地区/行业范围	样本 时间跨度	度量指标 企业家精神	度量指标 经济增长方式	实证结论
Foster 等（2006）	英国零售业	1987—1997	企业进入比率	LP	解释几乎所有的增长
Audretsch 等（2008）	德国 310 个地区的高科技、ICT 产业	1998—2000	新企业数	LP、CP	正相关
Erken 等（2009）	OECD 的 20 个成员国	1971—2002	企业所有权比率对均衡值的偏差	TFP	具有显著而稳定的正贡献
Bjørnskov 和 Foss（2010）	OECD 的 25 个成员国	1998—2005	自我雇佣比率	TFP	正相关，且大政府国家的企业家精神对TFP的边际贡献更大
He 等（2010）	中国 30 个省（区、市）	1992—2007	新企业数占人口比重	TFP 及其分解	发达地区有显著正效应，落后地区不明显
Bosma 等（2011）	荷兰 40 个地区的制造业、服务业	1988—2002	企业变动比率	TFP	只对服务业有促进作用，对制造业影响不显著
Moradi（2011）	伊朗制造业	1974—2006	企业所有权比率	TFP	短期内有显著正效应，长期内不明显
Sousa（2013）	美国制造业 日本制造业	1949—1999 1970—1998	分行业技术创新度	TFP	正相关
Salas-Fumás 等（2014）	西班牙	1980—2005	自我雇佣比率（分为有雇员、无雇员两种类型）	LP	有雇员的自我雇佣比率产生正效应，无雇员的产生负效应

续表

文献	样本		度量指标		实证结论
	地区/行业范围	时间跨度	企业家精神	经济增长方式	
靳卫东和高波（2008）	中国	1998—2004	国民创新性指数；国民抗风险指数	TFP	正相关
郑江淮和曾世宏（2009）	长三角地区	1986—2006	企业所有权比率	第三产业生产总值比重	正相关，且与人力资本相互促进
张小蒂和姚瑶（2011）	中国东部9省市	1995—2009	每万人口的私营企业数	TFP及其分解	对TFP、技术效率、技术进步的弹性约为16%~20%
刘年康等（2013）	中国29个省（区、市）	1993—2008	企业家占总人口比重	TFP	正相关，且西部地区效果最明显，1999年以后效果大幅上升
曾铖和李元旭（2017）	中国27个省（区、市）	1998—2013	私营企业投资者人数占就业人口比重	TFP对经济增长的贡献率	长期而言，正相关

注：LP为劳动产出率；CP为资本产出率。

2.3　关于政府规模的研究

学术界关于政府规模的研究主要围绕两个问题：一是政府规模的自我扩张机制，以及相应的如何遏制的问题；二是政府规模对经济增长的影响效应，以及相应的最优或适度政府规模的问题。本章主要介绍第二个问题的研究成果。

2.3.1 政府规模的内涵与测度

尽管关于政府规模的研究成果众多，但是对于政府规模还没有一个明确的定义。学者们从不同的角度给出了不同的界定，比较有代表性的表述有：王玉明（1998）认为政府规模是指以职能和权力配置为基础，按一定组织原则所组成的政府各个具体组成部分的总和，并区分了内在规模和外在规模，认为内在规模表现为政府职能和权力的范围与结构，外在规模表现为政府机构设置和人员配置的数量与结构；张亲培（2004）认为政府规模是指以行政权力的作为与否为依据，以财政为支撑体系的政府活动区间、政府机构状态和政府财政规模。可见，政府规模是一个反映政府管理尺度的综合指标，包括了政府的权力区间、财政收支、机构数量和雇员规模等。

相应地，对于政府规模的测度就可以从这几个方面入手。不过由于权力区间和职能范围的不可计量性，定量测度主要着眼于政府的财政、机构与人员数量，主要有两类：一类是基于国民账户体系（SNA）框架的测算，用政府控制或支配的社会资源（包括政府的收入、支出、消费）占 GDP 的比重表示政府规模；另一类是从人力资源的角度出发，用政府部门从业人员占全社会从业人员的比重来表示政府规模。不过由于中国公务员制度涉及编制问题，尽管有相当部分政府雇员不在政府编制序列内，却承担着部分政府职能并由财政支付经费（如事业单位），还有许多地方将政府雇员分为财政供养人口和自收自支供养人口，所以雇员数量指标无论是统计数据还是概念界定都存在一定的模糊性（文雁兵，2014）。因此，相关实证文献的测度指标主要以第一类为主。

2.3.2 政府规模与经济增长

自"瓦格纳法则"[①]提出以来，众多理论都承认政府规模扩张的合理性，认为政府可以纠正市场失灵，同时还是制度的创建者（North，2003）和法律规则的执行者（Rodrik 等，2004）。但是，政府的运行需要将资源从生产性部门转移到经济效率相对较低的政府部门，这可能损害经济运行效率。所以，问题的关键在于，政府规模究竟多大才合适。

从经济学理论来看，政府规模扩张对经济增长同时存在正、负两种效应。①正效应包括"增长效应"和"溢出效应"。增长效应是指政府支出是 GDP 的重要组成部分，可直接带动经济增长，同时政府控制的经济资源越多，市场干预能力越强，从而有效缓解各种市场失灵，促进地区经济增长（Ram，1986；Chen 和 Lee，2005）。溢出效应是指政府通过公共财政支出提供大量具有正外部效应的公共物品和公共服务（如交通、能源、通信等基础设施），健全法律法规、资本市场、产权保护、教育科研等软件条件，协调个人利益与社会利益的冲突，限制或消除垄断，这些有利于完善经济运行的内外部环境（高彦彦等，2011），带动私人投资和就业增长。②负效应包括"挤出效应"和"拥挤效应"。挤出效应是指公共财政扩张会挤占私人投资空间，还将导致政府融资需求的增加，引发税负增长，致使人们通过"多休息、少工作"来消极应对。拥挤效应是指过度拥挤的政府支出引发社会资源的扭曲配置和无效配置，削弱公共支出的正外部效应（Peden，1991），同时政府规模扩张还将导致机构臃肿、人员冗杂和权力寻租（Sheehey，1993；王文剑，2010），甚至出

[①] 19 世纪 80 年代，德国著名经济学家瓦格纳在对许多国家的公共支出资料进行实证分析后发现，当国民收入增长时，财政支出会以更大的比例增长。随着人均收入水平的提高，政府支出占 GNP 的比重也将不断提高。这被后人归纳为"瓦格纳法则"，又称为政府活动扩张法则。

现"黄宗羲定律"①（文雁兵，2014）。

这两种效应在国外学者的实证研究中都获得了支持。不过，很快有学者指出，把政府规模与经济增长的关系简单地设定为"单调"（非正即负）线性关系的做法并不恰当，因为两者之间可能存在由正相关向负相关转换的非线性关系（Vedder 和 Gallaway，1998；Sheehey，1993），这也是传统研究对两者关系无法达成一致结论的原因所在。对于这种由正相关向负相关转换的非线性关系的经济学解释是：在初始较小的政府规模下，公共物品与公共服务供给相对不足，政府通过扩大公共支出增加了公共物品供给，增强了公共服务职能，有效地纠正了市场失灵，由此促进了经济增长，此时政府规模与经济增长呈现出正相关关系；但是，随着政府规模不断扩大，政府支出增加所产生的挤出效应、拥挤效应等负效应逐渐增大，当这种变化超过一定的临界点，政府规模与经济增长便呈现出由正相关关系向负相关关系的非线性转换。这体现了一种"过犹不及"的思想，因此理论上就存在一个最优政府规模（Barro，1990）和倒 U 形的 Armey 曲线效应（Armey，1995）。这个理论观点也得到了实证检验的支持：跨国样本方面，Sheehey（1993）利用跨国截面数据考察政府规模的变化对经济增长的影响，发现当政府规模小于 15% 时，政府规模与经济增长呈现正相关关系，而当政府规模大于 15% 时，两者呈现负相关关系；单一国家或地区样本方面，Barro（1990）实证发现美国的最优政府规模为 25% 左右，Chen 和 Lee（2005）实证发现中国台湾地区的最优政府规模为 22.8%。

国内具有代表性的研究有：马拴友（2000）利用 Barro（1990）的生产框架，估计出我国政府的最优规模（政府消费占 GDP 的比重）约为

---

① 明末清初思想家黄宗羲发现，中国历史上多次税费改革的初衷均是轻徭薄赋以减轻农民负担，但每次改革的结果都是农民负担在下降一段时间后又上升到一个比税费改革前更高的水平。学者秦晖将黄宗羲的这个发现称为"黄宗羲定律"（Huangzongxi Law）。

26.7%，据此提出在公共财政框架下，从长期看我国包括科教文卫支出的政府规模可从 2000 年左右的 12% 提高到 25% 左右，财政总收入和支出最终可提高到占 GDP 的 30% 左右，这为我国扩大政府规模和提高财政比重提供了理论依据；杨子晖（2011）基于面板平滑转换回归模型，利用包括我国在内的 62 个国家和地区的数据，估计出我国最优政府规模（政府消费占 GDP 的比重）约为 20.54%，并且认为我国政府支出对经济增长的作用未向"阻碍"区间转入，仍然具备较好的财政支出扩张空间。总体上，这些研究表明过去一个时期内，在我国公共物品与公共服务供给仍然相对不足的情形下，政府支出增长可能招致的负效应影响并未凸显，政府支出对经济增长的净效应依然显著为正，从而为实施积极财政政策提供了一定的理论依据。

2.4 总体评述

2.4.1 相关研究共识

综合上述三个方面的研究综述，可以得到以下几点共识。

（1）高质量发展的核心要求是提高全要素生产率及其对经济增长的贡献。本书以经济增长方式的集约化转变作为高质量发展的主要内涵。按照经济增长的动力机制，经济增长方式可划分为依靠要素积累的粗放型增长方式和依靠全要素生产率提高的集约型增长方式。一直以来，我国经济高度依赖要素投入的粗放型增长方式并没有得到有效改变，存在资源配置效率低、技术进步贡献低、经济效益和运行质量低等问题，特别是近年来全要素生产率的低增长又导致了粗放型特征加重的迹象。当前我国经济发展已进入"三期叠加"[①]的新阶段，面临人口红利消失、资本报酬递减、资源

---

① "三期叠加"是指增长速度进入换挡期、结构调整面临阵痛期、前期刺激政策进入消化期。

环境约束加剧等新问题，粗放型增长方式被证明是不可持续的，亟须向集约型增长方式转变，其核心目标与要求是：提高全要素生产率及其对经济增长的贡献份额，使全要素生产率成为影响经济增长的主导力量。

（2）企业家精神是高质量发展的基本要素，经济增长方式转变的过程也是经济运行主体企业家化的过程。自萨伊以来，经济学家就普遍将企业家精神视作一种重要的生产要素，认为其对经济增长方式具有直接的影响作用。诸多国际经验表明，经济增长方式转变主要是企业家精神支持下的技术创新、生产要素重新组合的结果，包括企业家通过优化资源配置、激励劳动过程、推动技术创新提高要素产出效率，通过人力资本"干中学"、选择适宜技术和技术扩散效应促进内生技术进步，以及诱导制度变迁和重塑市场环境等。从国内情况来看，以大众创业、万众创新为政策背景，我国已进入企业家经济阶段，经济增长方式的转变离不开企业家群体的微观推动，这就要求企业家在资源配置过程中发挥主体性作用。因此，未来我国经济增长方式转变的过程将是经济运行主体企业家化的过程，即从政府作为选择主体向企业家作为选择主体转变，也就是说，高质量发展进程中企业家是重要主体，企业家精神是基本要素。

（3）政府规模与经济增长之间存在非线性的影响关系，积极财政政策在我国现阶段仍有一定的操作空间。政府规模扩张对经济增长同时存在正、负两种效应。当政府规模较小时，公共物品与公共服务供给相对不足，政府规模的扩张可以增加公共物品与公共服务供给，有效纠正市场失灵，这一阶段以正效应为主导；当政府规模较大时，政府规模的扩张将挤占私人投资空间和加重企业税费负担，并可能引发社会资源的无效配置，以及机构臃肿、人员冗杂、权力寻租等问题，这一阶段以负效应为主导。因此，理论上存在一个最优的政府规模，也就是影响关系由正相关向负相关转换的"警戒线规模"。针对我国的实证研究发现，在我国公共物品与公共服务供给仍然相对不足的情形下，政府规模扩张对经济增长的净效应依然为正，因此现阶段而言，积极财政政策在我国仍有一定的操作空间。

2.4.2 对本研究的启示

有待改善的几个方面具体如下。

（1）经济发展质量的测算结果有待商榷。本书以生产率特别是全要素生产率（TFP）作为高质量发展即经济发展质量的衡量标准。TFP测算结果的科学合理性取决于两个方面。①测算指标的选择。多数文献使用全要素生产率作为经济增长方式转变的直接测算指标（易纲等，2003；吴三忙，2007；陈继勇和盛杨怿，2008；郑京海等，2008；王小鲁等，2009；谢富胜和秦韬，2010；赵彦云和刘思明，2011；卢万青，2013；彭宜钟等，2014；王霞等，2015），但是，有研究文献指出，全要素生产率提高只是经济增长集约化水平提升的必要条件而非充分条件，因为在TFP提高的同时，资本、劳动等要素投入的增长率可能更高，致使经济增长方式反而趋于低端化（唐未兵等，2014；赵文军和于津平，2014）。②变量的构造。在全要素生产率的测算中，资本存量的估算是一个难点和重点，涉及投资数据、基期年份、资本存量的折旧率和增长率确定以及投资价格指数构造等敏感问题。学者们不断争论的中国全要素生产率和资本回报率大小的问题，其实与资本存量估算的精确度密切相关（单豪杰，2008）。唐未兵等（2014）、赵文军和于津平（2014）在资本存量估算过程中对变量的构造仍显粗糙，这将影响全要素生产率的测算结果，从而影响对经济增长方式转变效果的判断。

（2）对企业家精神推动高质量发展的作用和机理缺乏系统研究。中国经济要转向高质量发展，经济活动的微观基础也要发生相应的变化，需要出现更多有效配置资源、创造高价值、具备优秀商业模式的企业，而这离不开企业家精神的微观支持。本书以经济增长方式的集约化转变作为高质量发展的主要内涵，因此，研究企业家精神是否或如何驱动经济增长方式转变具有重要的现实意义。遗憾的是，现有文献主要关注企业家精神对经济增长的影响，忽视了其对经济增长方式的影响，显然前者的研究结论并不能替代对后者的研究。虽然本章对相关文献进行了系统梳理，并从企业家职能、企业家人力资本、管理要素投入三个视角对作用机理进行了评述，但是也指出这些机理分析不仅在理论上未成体系，实证上也流于简单。

特别是就机理分析而言，上述三个视角仍局限于以一般均衡模型为基础的主流经济增长理论，假设企业家的决策是在已知概率函数分布并给定偏好、资源约束和技术条件下的最大化个人效用选择（Kirzner，1997），这不可避免地存在"未能针对决策时所面对的不确定性、有限的理性行为、制度的复杂性以及动态的实际调整过程"做出解释的缺陷（Nelson 和 Winter，1982）。为此，有必要引入奥地利学派的市场过程范式，因为市场不均衡、企业家警觉、动态竞争过程等观点正是奥地利学派的洞见。

（3）对政府规模影响企业家精神的机制关注较少。如前所述，粗放型经济增长方式的根源在于现行经济体制和政府职能转变滞后，改革的方向在于从政府主导型增长方式转变为市场起决定性作用的增长方式。因此，经济增长方式转变的过程必然离不开政府与市场、政府与企业家关系的调整。实践已经表明，要处理好政府与企业家的关系，矛盾的主要方面在政府（张勇和古明明，2014）。特别地，近年来我国政府高度重视并大力推动大众创业、万众创新，密集出台了各项扶持政策，政府曾经在经济增长领域扮演的"监护人"角色，似乎又将渗透到企业家活动领域。那么，一个现实的问题需要回答：政府规模的扩张激励还是抑制了企业家精神？

可见，研究政府规模对企业家精神的影响机制具有重要的理论和现实意义。然而，现有文献关于政府规模的研究视角鲜少涉及企业家精神。与此较为接近的是经济自由与企业家精神的影响关系研究，不过政府规模仅是经济自由度的评价指标之一，经济自由度还涉及对外贸易、劳动力自由流动、产权保护、货币政策等方面（张晔，2005），因此并不能很好地解释政府规模对企业家精神的影响机制。

（4）对政府规模、企业家精神、高质量发展三者缺乏整合性分析。通过本章的文献梳理可以看出，这三个核心概念之间存在密切的逻辑联系：政府规模是企业家精神的前向影响因素，高质量发展是企业家精神的后向作用结果，三者以企业家精神为纽带而串联起来。遗憾的是，现有文献中缺乏一个整合性的分析框架。

实际上，对三者进行整合性分析的理论依据源自鲍莫尔（Baumol，1990）的"企业家才能配置"学说，他认为一个社会的制度结构通过改变企业家面临的报酬结构，影响企业家才能在生产性活动和非生产性活动（如寻租、游说、诉讼、犯罪等）之间的配置，进而影响经济绩效，由此建立了一个贯穿分析制度质量、企业家精神、经济绩效的基本理论框架。本书提出的"政府规模—企业家精神—高质量发展"分析框架就是将制度质量和经济绩效的关注点分别聚焦到政府规模和高质量发展，可视作对鲍莫尔理论框架的细化。

上述这四个方面依次对应本书的一项数据基础工作（高质量发展及经济增长方式的测算）和三个研究问题，形成了本书研究的技术路线。它们也将在接下来的第3~6章依次展开，共同构成本书研究内容的主体。

3 高质量发展及经济增长方式的测算

本章旨在反映我国各地区高质量发展的情况，同时为后文的实证分析提供基础数据。由于测算过程所涉及的指标选取、变量构造、计算方法等较为复杂，故独立成章。具体地，先构造经济发展质量的测算指标，明确测算思路及采用的样本、数据和方法，再对我国各省（区、市）1998—2013年经济增长方式转变的效果进行测算和分析。

3.1 测算思路

如前所述，本书以经济增长方式的集约化转变作为高质量发展的主要内涵，以生产率特别是全要素生产率作为经济增长方式的衡量标准。

现有文献普遍将现阶段我国经济增长方式转变的目标归结为提高全要素生产率及其对经济增长的贡献份额，使全要素生产率成为影响经济增长的主导力量。正是由于全要素生产率（TFP）的重要性，多数文献使用TFP作为经济增长方式转变的直接测算指标（易纲等，2003；吴三忙，2007；陈继勇和盛杨怿，2008；郑京海等，2008；王小鲁等，2009；谢富胜和秦韬，2010；赵彦云和刘思明，2011；卢万青，2013；彭宜钟等，2014；王霞等，2015）。但是，有研究文献指出，当经济增长率为正时，TFP提高只是经济增长集约化水平提升的必要条件而非充分条件（唐未兵等，2014），因为在TFP提高的同时，资本、劳动等要素投入的增长率可能更高，致使经济增长方式反而趋于低端化（赵文军和于津平，2014）。

也就是说，只有TFP进步率的增长幅度大于经济增长率的增长幅度，经济增长集约化水平才会上升；如果TFP进步率的增长幅度小于经济增长率的增长幅度，经济增长集约化水平就会下降。

由此可见，单一的TFP并不能准确测算经济增长方式转变的效果，TFP对经济增长的贡献率才是更为准确合理的测算指标。厉无畏和王振（2006）、赵文军和于津平（2012、2014）、唐未兵等（2014）均采用该指标作为经济增长方式转变的测算指标，并进一步以TFP对经济增长的贡献率与要素投入对经济增长的贡献率的比值作为辅助指标。借鉴这些研究成果，以下通过具体的数理推导来构造一组既有区别又有联系的测算指标。

3.1.1 测算指标的构造

根据C-D生产函数，第i省（区、市）第t期的生产函数表示为：

$$Y_{it} = A_{it} K_{it}^{\alpha} L_{it}^{\beta}$$

式中，Y为真实经济产出；K为资本存量；L为劳动投入；α和β分别为资本产出弹性和劳动产出弹性；A为TFP。在希克斯中性假设下，对上式取时间差分：

$$\frac{\Delta Y}{Y} = \frac{\Delta A}{A} + \alpha \frac{\Delta K}{K} + \beta \frac{\Delta L}{L}$$

根据该公式，各省（区、市）产出增长率 $g_{Y_{it}}$ 取决于TFP增长率 $g_{A_{it}}$、资本增长率 $g_{K_{it}}$、劳动增长率 $g_{L_{it}}$。用 HQD_{it} 表示第i省（区、市）第t期TFP对经济增长的贡献率，则有：

$$HQD_{it} = \frac{g_{A_{it}}}{g_{Y_{it}}} = \frac{(A_{it} - A_{i,t-1})/A_{i,t-1}}{(Y_{it} - Y_{i,t-1})/Y_{i,t-1}} = \frac{(TFP_{it} - TFP_{i,t-1})/TFP_{i,t-1}}{(Y_{it} - Y_{i,t-1})/Y_{i,t-1}} \quad (3-1)$$

由于TFP对经济增长的贡献率和资本、劳动等要素投入对经济增长的贡献率具有此消彼长的关系，所以若TFP增长对经济增长的贡献率上升，表明TFP对经济增长的牵引力增强，经济增长方式趋向集约。如果把TFP

进一步分解为技术效率（TE）和技术进步（TP），则 TFP 对经济增长的贡献率还可以细分为 TE 对经济增长的贡献率、TP 对经济增长的贡献率。计算公式分别如下：

$$CTE_{it} = \frac{(TE_{it} - TE_{i,t-1})/TE_{i,t-1}}{(Y_{it} - Y_{i,t-1})/Y_{i,t-1}} \quad (3-2)$$

$$CTP_{it} = \frac{(TP_{it} - TP_{i,t-1})/TP_{i,t-1}}{(Y_{it} - Y_{i,t-1})/Y_{i,t-1}} \quad (3-3)$$

以同样的方法还可以计算资本、劳动对经济增长的贡献率，分别记为 CK_{it}、CL_{it}。要素投入对经济增长的贡献率是二者之和，记为 CKL_{it}，则有：

$$CK_{it} = \alpha \cdot \frac{(K_{it} - K_{i,t-1})/K_{i,t-1}}{(Y_{it} - Y_{i,t-1})/Y_{i,t-1}} \quad (3-4)$$

$$CL_{it} = \beta \cdot \frac{(L_{it} - L_{i,t-1})/L_{i,t-1}}{(Y_{it} - Y_{i,t-1})/Y_{i,t-1}} \quad (3-5)$$

$$CKL_{it} = \frac{\alpha \cdot (K_{it} - K_{i,t-1})/K_{i,t-1} + \beta \cdot (L_{it} - L_{i,t-1})/L_{i,t-1}}{(Y_{it} - Y_{i,t-1})/Y_{i,t-1}} \quad (3-6)$$

最后，计算 TFP 对经济增长的贡献率与要素投入对经济增长的贡献率的比值，公式如下：

$$Ratio = \frac{(TFP_{it} - TFP_{i,t-1})/TFP_{i,t-1}}{\alpha \cdot (K_{it} - K_{i,t-1})/K_{i,t-1} + \beta \cdot (L_{it} - L_{i,t-1})/L_{i,t-1}} \quad (3-7)$$

综上，公式（3-1）～（3-7）构成了经济增长方式转变的一组测算指标。其中，公式（3-1）～（3-3）测算经济增长的效率驱动情况，是正向指标，数值越大表示经济增长方式越集约、转变效果越好；公式（3-4）～（3-6）测算经济增长的要素驱动情况，是逆向指标，数值越大表示经济增长方式越粗放、转变效果越差；公式（3-7）是对以上两个方面的综合比较，是正向指标，数值越大表示在要素驱动力不变的情况下效率驱动力越大、转变效果越好。这为本书观察经济增长方式转变的效果提供了一组立体化、多角度的测算指标。

3.1.2 测算的基本步骤

根据上述指标的计算要求，本章对测算过程的基本步骤安排如下：①选取样本和数据，对公式中的投入产出变量 Y、K、L 进行变量构造；②运用 DEA–Malmquist 生产率指数法测算并分解 TFP，完成公式（3-1）~（3-3）的计算，反映经济增长过程中的效率驱动情况；③运用大样本回归估计方法测算要素投入的产出弹性，包括资本产出弹性 α 和劳动产出弹性 β，完成公式（3-4）~（3-6）的计算，反映经济增长过程中的要素驱动情况；④完成公式（3-7）的计算，并综合公式（3-1）~（3-7）的计算结果，从空间、时间、动力等多个维度，全面和深入地评价我国经济增长方式转变的效果。

3.2 测算方法与过程

3.2.1 样本、数据与变量构造

3.2.1.1 样本和数据来源

本书以我国各省、自治区、直辖市为研究样本。考虑到数据的可得性和指标构造条件，本章研究样本不包含西藏、海南、四川、重庆，共计27个省（区、市）。具体原因是：①西藏历年数据缺失较多；②海南缺少1952—1977年的固定资本形成总额数据和GDP平减指数；③重庆直辖时间较短，在历史数据里无法从四川省中精确分离出重庆直辖之前的数据，故样本也不考虑四川、重庆。另外，为了与后续章节的实证工作相衔接，将数据观测期定在1998—2013年。

3.2.1.2 变量构造

（1）产出变量：采用国内生产总值（GDP）作为各地区的总产出变量。

为了消除统计数据中价格因素的影响，以各省（区、市）GDP指数（1952年=100）对GDP数据进行了折算。

（2）劳动投入变量：采用各地区年末从业人员数。

（3）资本投入变量：由于资本支出对GDP的影响不仅表现在当期，而且对以后时期也有重要影响，因此有必要进行资本存量估算。资本存量的估算在经济统计分析中是一个难点和重点。学者们不断争论的中国全要素生产率和资本回报率大小的问题，其实与资本存量估算的精确度密切相关。关于资本存量的估算方法，本书重点参考了单豪杰（2008）的做法，该文是关于国内资本存量估算的论文中最权威、被引频次最高的一篇。

估算按可比价格计算的资本存量最常用的方法是1951年Goldsmith提出的永续盘存法（Perpetual Inventory Method，PIM）。按照定义，t期的资本存量可以用过去所有时期的资本支出现值与t-1期的资本存量现值之和来表示，公式如下：

$$K_t = \sum_{k=1}^{n} \mu_k I_{t-k} + (1-\delta_t) K_{t-1}, \quad t=2,3,\ldots \qquad (3-8)$$

式中，K_t为t期的实际资本存量；I_t为t期的实际资本支出（按不变价格计算）；δ_t为t期的资本折旧率；μ为资本支出滞后的贴现系数；k为滞后期。因为难以得到资本支出的滞后结构，一般假定平均滞后期为θ，并假定$t-\theta$期的资本支出直接构成了t时期资本存量的增量。即$k=\theta$时，$\mu_k=1$；$k \neq \theta$时，$\mu_k=0$，因而有$\sum_{k=1}^{n}\mu_k I_{t-k}=I_{t-\theta}$。按照国内文献的做法，本章假定平均滞后期$\theta=0$，则公式（3-8）转化为：

$$K_t = (1-\delta_t) K_{t-1} + I_t \qquad (3-9)$$

计算过程涉及四个主要问题，下面分步骤对其进行简要说明。

（1）当年投资数据的确定。单豪杰（2008）详细分析和对比了投资数据的几种选择,包括积累数据、固定资产投资数据、固定资产形成数据、资本形成总额数据、存货投资数据以及新增固定资产数据,认为固定资本形成总额是最优的衡量指标,它是不包括土地和存货的生产性资本存量。

(2)投资价格指数的构造。方法是根据《中国国内生产总值核算历史资料(1952—1995年)》和《中国国内生产总值核算历史资料(1952—2004年)》提供的1952—2004年全国和分省(区、市)的固定资本形成价格指数,计算出以1952年为基期的价格平减指数,对于2005年以后缺省的指数,用各省(区、市)的固定资产投资价格指数替代。

(3)折旧率的确定。单豪杰(2008)在分别估算建筑折旧率和设备折旧率的基础上,根据统计年鉴提供的二者之间的结构比重进行了加权平均,得到一个不区分时间段的折旧率,即$\delta=10.96\%$。本章沿用该值。

(4)基期资本存量的估算。资本存量估算对全要素生产率测算相当重要,而资本存量估算对于样本初始年份的选择相当敏感,在永续盘存法下,初始年份选择得越早,则基期资本存量估算误差对后续年份的影响就越小(张军等,2004)。为此,本书将基期定在1952年,这基本也是最早的可得数据年份。假定在经济稳态的情况下,存量资本的增长率与投资增长率是相等的,即$(K_t-K_{t-1})/K_t=(I_t-I_{t-1})/I_t=g$,其中,$g$为$I_t$的平均增长率。由此可得,当$t=2$时,$K_2=(1+g)K_1$。又由公式(3-9)可得,$t=2$时,$K_2=(1-\delta)K_1+I_2$。将上述两式合并,可以计算出基期资本存量[①]为:

$$K_1=I_2/(g+\delta) \quad (3-10)$$

[①] 基期资本存量也可以用下式导出:$K_1=I_1+(1-\delta)I_0+(1-\delta)^2I_{-1}+\cdots=I_1+\frac{1-\delta}{1+g}I_1+\left(\frac{1-\delta}{1+g}\right)^2I_1+\cdots=I_1\sum_{s=0}^{\infty}\left(\frac{1-\delta}{1+g}\right)^s=I_1\cdot\frac{1+g}{g+\delta}=\frac{I_2}{g+\delta}$。

因此，本章用 1953 年固定资本形成总额除以折旧率与 1953—1957 年固定资本形成平均增长率之和来估算各省（区、市）1952 年的资本存量。

综上，估算各省（区、市）实际资本存量的具体方法是：先按照各省（区、市）的隐含平减指数将历年的固定资本形成额统一折算成 1952 年不变价的数值，然后根据所设定的折旧率和基期资本存量，运用 PIM 公式对历年资本存量进行估算。各省（区、市）1998—2013 年固定资本存量的测算数据详见附录 1。

3.2.1.3 描述统计

投入产出变量的构造过程和数据来源如表 3-1 所示。这里对变量做了一个简单的描述统计（见图 3-1），可以发现 1998—2013 年[①]我国 27 个省（区、市）累计 GDP 年均增长 11.58%，资本存量年均增长 14.64%，劳动力年均增长 1.57%，资本存量的增速平均每年比 GDP 的增速高出约 3 个百分点，且二者走势具有高度的一致性。对比 1981—1997 年此三者的增速[②]，可知资本投入在 1998—2013 年发挥了更大的推动作用，经济增长方式转变的成效似乎不容乐观。

表 3-1　投入产出变量的构造过程和数据来源

变量	构造过程	单位	数据来源
Y	GDP（1952 年不变价）	亿元	各省（区、市）统计年鉴
L	年末从业人员数	万人	各省（区、市）统计年鉴
K	固定资本形成总额（1952 年不变价）	亿元	《中国国内生产总值核算历史资料（1952—1995）》
	固定资本形成价格指数	%	《中国国内生产总值核算历史资料（1952—2004）》《中国统计年鉴》国家统计局

---

① 由于涉及增速，所以图 3-1 中第一个数据是 1999 年相比于 1998 年的增速。因此，这里的时间为 1998—2013 年。

② 参见李善同和吴延瑞（2002）。

图 3-1 GDP、资本存量和劳动力的增速

3.2.2 TFP 测算与分解

第 2 章已经对 TFP 测算的几种常用方法进行了介绍和比较，此处不再赘述。本书将采用当前应用最为广泛的 TFP 测算方法——基于 DEA 的 Malmquist 生产率指数法，它具有不需要对生产函数结构做出先验假定、不需要对参数进行估计、允许无效率行为存在、能对 TFP 变动进行分解等优点，在近年来的研究中受到了越来越多的关注（章祥荪和贵斌威，2008）。基于该方法，本章将 TFP 变动进一步分解为技术效率变动和技术进步变动两个部分，这既有助于深入探究经济增长方式转变的驱动力来源——技术效率或技术进步，又能为后文研究提供更为稳健深入的 TFP 估计支持。

3.2.2.1 DEA-Malmquist 指数法

Malmquist 指数以 Färe 等（1994）提出的模型为背景，该模型根据包含多个决策单元（Decision Making Unit，DMU）的平衡面板数据，使用距离函数来构造一个生产最佳前沿面，进而将每个 DMU 的实际生产情况与最佳前沿面进行比较，由此来测算技术进步、技术效率等。

3 高质量发展及经济增长方式的测算

其原理是，对于 $x \in R_+^N$，产出 $y \in R_+^M$，定义 t 期生产可能集 S^t 为：

$$S^t = \{(x, y) | 在 t 期, x 可以生产 y\}$$

s 期生产活动（x^s, y^s）相对于 t 期生产可能集 S^t 的产出距离函数定义为：

$$D_o^t(x^s, y^s) = \inf\{\theta | (x^s, y^s/\theta) \in S^t\}$$
$$= (\sup\{z | (x^s, y^s) \in S^t\})^{-1}$$

下标 o 表示距离函数是基于产出定义的。由定义 $D_o^t(x^s, y^s) \leq 1$ 等价于（x^s, y^s）$\in S^t$，$D_o^t(x^s, y^s) = 1$ 等价于（x^s, y^s）位于生产可能集 S^t 前沿上，按照 Farrell（1957）的术语，生产相对于可能集而言是技术有效的。

在经验研究中，根据观察到的 DMU 来生成生产可能集。假设存在 k（k=1，…，K）个 DMU，每个 DMU 在 t（t=1，…，T）期使用 n（n=1，…，N）种投入 $x_n^{k,t}$，并得到 m（m=1，…，M）种产出 $y_m^{k,t}$。由观察到的 DMU 所构造的 t 期规模报酬不变（CRS）的生产可能集为：

$$S^t(C) = \left\{(x^t, y^t) \Big| x^t \geq \sum_{k=1}^K \lambda^{k,t} x^{k,t}; y^t \leq \sum_{k=1}^K \lambda^{k,t} y^{k,t}; \lambda^{k,t} \geq 0, k=1, \cdots, K\right\}$$

加上约束 $\sum_{k=1}^K \lambda^{k,t} = 1$，可得 t 期规模报酬可变（VRS）的生产可能集为：

$$S^t(V) = \left\{(x^t, y^t) \Big| x^t \geq \sum_{k=1}^K \lambda^{k,t} x^{k,t}; y^t \leq \sum_{k=1}^K \lambda^{k,t} y^{k,t}; \lambda^{k,t} \geq 0, \sum_{k=1}^K \lambda^{k,t}=1, k=1, \cdots, K\right\}$$

针对两种不同的生产可能集 $S^t(C)$ 和 $S^t(V)$，以及三个不同时期（s=t-1, t, t+1），可以得到六组距离函数：$D_a^t(x^s, y^s)$（a=C, V；s=t-1, t, t+1）。根据生产可能集和距离函数的定义，距离函数恰好为 DEA 理论中 C^2R 模型和 B^2C 模型最优值的倒数，即：

$$(C^2R) \begin{cases} \max z_C = \left(D_C^t(x^{k,s}, y^{k,s})\right)^{-1} \\ x_n^{k,s} \geq \sum_{k=1}^K \lambda^{k,t} x_n^{k,t}, n=1, \cdots, N \\ z_C y_m^{k,s} \leq \sum_{k=1}^K \lambda^{k,t} y_m^{k,t}, m=1, \cdots, M \\ \lambda^{k,t} \geq 0, k=1, \cdots, K \end{cases}$$

$$(B^2C)\begin{cases} maxz_V = \left(D_V^t\left(x^{k,s}, y^{k,s}\right)\right)^{-1} \\ x_n^{k,s} \geq \sum_{k=1}^{K} \lambda^{k,t} x_n^{k,t}, \ n=1, \cdots, N \\ z_V y_m^{k,s} \leq \sum_{k=1}^{K} \lambda^{k,t} y_m^{k,t}, \ m=1, \cdots, M \\ \lambda^{k,t} \geq 0, \ k=1, \cdots, K \end{cases}$$

基于 t 期和 t+1 期参照技术定义的 Malmquist 生产率指数分别为：

$$M_t(x^t, y^t, x^{t+1}, y^{t+1}) = \frac{D_C^t(x^{t+1}, y^{t+1})}{D_C^t(x^t, y^t)}$$

$$M_t(x^t, y^t, x^{t+1}, y^{t+1}) = \frac{D_C^{t+1}(x^{t+1}, y^{t+1})}{D_C^{t+1}(x^t, y^t)}$$

因为基于 t 期和 t+1 期参照技术定义的 Malmquist 生产率指数在经济含义上是对称的，所以按照 Fisher（1922）的理想指数思想，定义它们的几何平均为综合生产率指数，表示如下：

$$M(x^t, y^t, x^{t+1}, y^{t+1}) = (M_t \cdot M_t)^{1/2} = \left[\frac{D_C^t(x^{t+1}, y^{t+1})}{D_C^t(x^t, y^t)} \frac{D_C^{t+1}(x^{t+1}, y^{t+1})}{D_C^{t+1}(x^t, y^t)}\right]^{1/2}$$

上式便是 TFP 的 Malmquist 指数，指数大于 1 表明 TFP 在上升，小于 1 则下降。上式还可以进一步分解为：

$$M(x^t, y^t, x^{t+1}, y^{t+1}) = \frac{D_C^t(x^{t+1}, y^{t+1})}{D_C^t(x^t, y^t)} \left[\frac{D_C^t(x^{t+1}, y^{t+1})}{D_C^{t+1}(x^{t+1}, y^{t+1})} \frac{D_C^t(x^t, y^t)}{D_C^{t+1}(x^t, y^t)}\right]^{1/2}$$

式中第一项捕获从时期 t 到 t+1 的相对效率变化，测度的是满足规模收益不变（CRS）和要素强可处置（Strong Disposability）假设的"技术效率"指数，代表从时期 t 到 t+1 每个 DMU 到生产最佳前沿面的追赶（Catching-up）程度；第二项捕获当投入分别为 x^t 和 x^{t+1} 时的技术变化的几何平均值，测度的是"技术进步"指数，代表生产最佳前沿面从时期 t 到 t+1 的移动。公式计算结果表示相对于上一年的增长（指数大于 1）或下降（指数小于 1）。

特别需要指出的是，技术效率和技术进步具有相当不同的政策含义（Nishimizu 和 Page，1982）。特别是对于我国所处的转型期而言，这种分解从量上区分了经济改革对长期增长所产生的"水平效应"和"增长效应"（Lucas，1988）：技术效率即"水平效应"会随着时间流逝而消失，而技术进步即"增长效应"不但不会消失，而且会维持或增大（李善同和吴延瑞，2002）。

图 3-2 直观地显示了技术效率与技术进步的经济学含义。假设生产是规模收益不变的，横轴为要素投入（以劳均资本 k 表示），纵轴为经济产出，生产前沿面 T_1、T_2 代表最优的生产实践，T_2 优于 T_1，A、B、C、D、E 点代表实际的生产实践。技术效率提高是指减少技术无效率和分配无效率的情形，在图中表示为原有技术条件下生产向生产前沿面的垂直运动，如 A → B。技术进步是指采用新的、先进的生产技术，在图中表示为生产前沿面由 T_1 向 T_2 运动，如 B → C、D → E。由图 3-2 也可以看出，经济增长来源除了技术效率提高、技术进步之外，还包括要素投入的增加，在图中表示为生产沿着既定的生产前沿面向右运动，如 B → D。

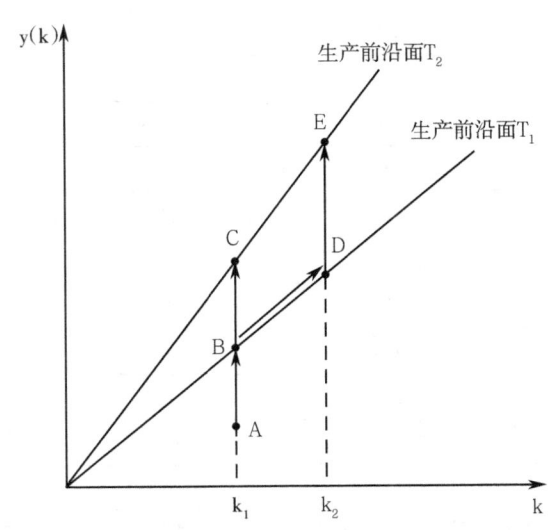

图 3-2 技术效率（TE）与技术进步（TP）的经济学含义

3.2.2.2 测算结果及分解

本章把每个省（区、市）看作一个生产决策单元（DMU），基于DEA-Malmquist生产率指数法构造一个全国层面的生产最佳前沿面，然后将各省（区、市）每年的实际生产实践同最佳前沿面进行比较，得到TFP变动率（以下简称TFP），并分解得到技术效率变动率（以下简称技术效率）和技术进步变动率（以下简称技术进步）。计算软件为DEAP 2.1，计算结果详见附录2。各年份TFP测算全国平均值及分解结果如表3-2所示。

表3-2 各年份TFP测算全国平均值及分解结果

年份	TFP	技术效率	技术进步
1998—1999	1.040	0.998	1.042
1999—2000	1.040	0.999	1.040
2000—2001	1.048	0.994	1.054
2001—2002	1.047	0.976	1.073
2002—2003	1.053	0.985	1.069
2003—2004	1.053	1.010	1.042
2004—2005	1.050	0.999	1.052
2005—2006	1.050	0.992	1.058
2006—2007	1.054	0.997	1.057
2007—2008	1.040	1.006	1.034
2008—2009	1.025	0.992	1.034
2009—2010	1.042	0.987	1.056
2010—2011	1.035	0.992	1.043
2011—2012	1.031	1.004	1.027
2012—2013	1.019	1.003	1.016
1998—2007平均	1.048	0.994	1.054
2008—2013平均	1.032	0.997	1.035
总体平均	1.042	0.996	1.046

注：TFP的测算采取Malmquist生产率指数法，计算结果为样本的跨期生产率。

表 3-2 显示，1998—2013 年我国 TFP 平均增长率为 4.2%，技术效率变动的平均增长率为 -0.4%，技术进步变动的平均增长率为 4.6%，说明这段时间内 TFP 的提高几乎全部来自技术进步，换句话说，这一时期的中国经济改革只产生了增长效应，并未带来水平效应。这个测算结果延续了李善同和吴延瑞（2002）、Wu（2001）、颜鹏飞和王兵（2004）、Zheng 和 Hu（2006）等关于 1992—2000 年前后我国 TFP 增长主要来自技术进步[①]的趋势判断，而且这一趋势在 2000 年之后持续增强，表现如下。①技术进步的增长幅度更大。从 1992—2001 年的年均 0.69%（颜鹏飞和王兵，2004）提高到本观测期的年均 4.6%，但是自 2011 年起连续三年步入下滑通道。一般认为，技术进步的来源有模仿和创新两种，如果说过去阶段我国技术进步靠的是引进和模仿国外先进技术，那么随着我国距离世界生产前沿面越来越近，来自 FDI 等技术外溢的技术进步空间越来越小，以自主创新为特征的技术进步将决定未来中国经济能否持续长期增长。②技术效率以负增长为主。从 1992—2001 年的年均 0.12%（颜鹏飞和王兵，2004）下滑到本观测期的 -0.4%。合理的经济学解释是，随着人口抚养比降至低点导致人口红利消失，劳动力从生产率低的产业向生产率高的产业转移的速度也大幅减慢，部门间资源重新配置能力减弱，削弱了技术效率的提升潜力。

3.2.3 要素投入的产出弹性估计

生产要素投入的产出弹性被定义为要素投入增长对产出增长的作用，即要素投入每增长 1% 所带来的产出增长的百分比。本章样本容量为 432

---

① 李善同和吴延瑞（2002）、Wu（2001）、颜鹏飞和王兵（2004）、Zheng 和 Hu（2006）等对 1978—2000 年前后我国省际 TFP 的测算，以 1992 年建立市场经济体制为分界点。其中，1978—1991 年 TFP 增长的主要来源是家庭联产承包责任制等农村经济体制改革（McMillan 等，1989；Lin，1992）和农村剩余劳动力转移（World Bank，1997）所带来的技术效率提高，即水平效应；1992—2000 年前后 TFP 增长的主要来源是引进外资所带来的技术进步，即增长效应。

（N=27，T=16），下面利用面板数据回归模型对要素投入的产出弹性进行大样本估计。考虑到各省（区、市）的地区异质性和金融危机等周期波动带来的冲击，同时控制个体效应和时间效应有助于提高估计的精确度。因此，本章采用"双向固定效应"（Two-way FE）模型对C-D生产函数的对数形式进行线性回归估计。C-D生产函数的对数形式表示如下：

$$\ln Y = \ln A + \alpha \cdot \ln K + \beta \cdot \ln L$$

郭庆旺等（2005）的测算中只估计了 α，然后根据规模报酬不变的假设，利用 $\beta = 1 - \alpha$ 计算得到 β。与此不同，本书放弃规模报酬不变的假设，直接对 α、β 进行估计，估计结果如表3-3所示。由表中数据可知，资本产出弹性 α 和劳动产出弹性 β 都通过了显著性检验，组内 R^2 和 F 检验也都显示模型具有很高的拟合优度。

表3-3 要素投入的产出弹性估计结果

解释变量	参数	估计系数	标准差	t-统计量
lnK	α	0.3401	0.0675	5.04[***]
lnL	β	0.2321	0.1088	2.13[**]
组内 R^2		0.9955		
F-统计量		1736.43[***]		

注：[*]、[**]、[***] 分别代表 10%、5% 和 1% 的显著性水平。

3.3 测算结果与分析

3.3.1 空间维度

3.3.1.1 全国层面

由表3-4可以看出以下内容。①要素驱动方面：1999—2007年要素投入的贡献率基本呈现下降趋势，年均下滑 0.74 个百分点；但是 2008 年出现了急剧反转，当年的要素投入贡献率跳高6.29个百分点，此后五年也维持了走高趋势，年均增加1.12个百分点。②效率驱动方面：从1999年起基本延续了下滑趋势，但是2008年之后下滑趋势加剧，特别是2009年、2013年几乎是"断崖式"下降。其中，技术效率连续多年负拉动，技术进步的贡献率总体呈现下滑趋势，特别是在2008年骤降约10个百分点，此后连续多年走低。

表3-4 全国层面各增长动力的贡献率

单位：%

年份	要素投入	资本投入	劳动投入	TFP	技术效率	技术进步
1999	47.67	46.68	0.99	42.93	−2.15	45.08
2000	45.24	40.61	4.63	40.01	−1.00	40.01
2001	42.50	40.58	1.92	49.05	−6.13	55.18
2002	41.32	38.71	2.62	42.87	−21.89	66.58
2003	41.24	38.49	2.75	42.62	−12.06	55.48
2004	40.06	36.02	4.04	38.37	7.24	30.40
2005	45.53	42.69	2.84	38.75	−0.78	40.30
2006	44.14	40.94	3.20	36.45	−5.83	42.28
2007	41.73	38.70	3.04	37.57	−2.09	39.66
2008	48.03	44.80	3.23	34.04	5.11	28.93
2009	55.25	51.60	3.65	21.94	−7.02	29.83
2010	47.00	44.18	2.81	32.73	−10.13	43.64
2011	50.52	46.06	4.47	30.71	−7.02	37.73
2012	52.40	49.75	2.65	31.05	4.01	27.04
2013	54.02	50.17	3.84	20.52	3.24	17.28

注：①要素投入贡献率＝资本投入贡献率＋劳动投入贡献率；②要素投入贡献率和TFP贡献率之和小于1的部分，是生产函数估计结果中随机误差项的贡献，它体现了经济周期波动等因素对经济增长的影响。

为了更直观地展示，本书绘制了要素投入贡献率、TFP贡献率走势图，如图3-3所示。虽然要素驱动力在2004年之前有所放缓，但是在2008年出现了明显扭转，此后逐年增强；TFP驱动力则几乎连年下行。观察要素投入贡献率和TFP贡献率的趋势线，可明显看出要素投入贡献率大于TFP贡献率的"剪刀差"。就年份而言，2009年明确确立了"剪刀差"，2010年之后继续增大，即要素驱动越来越强、效率驱动越来越弱。

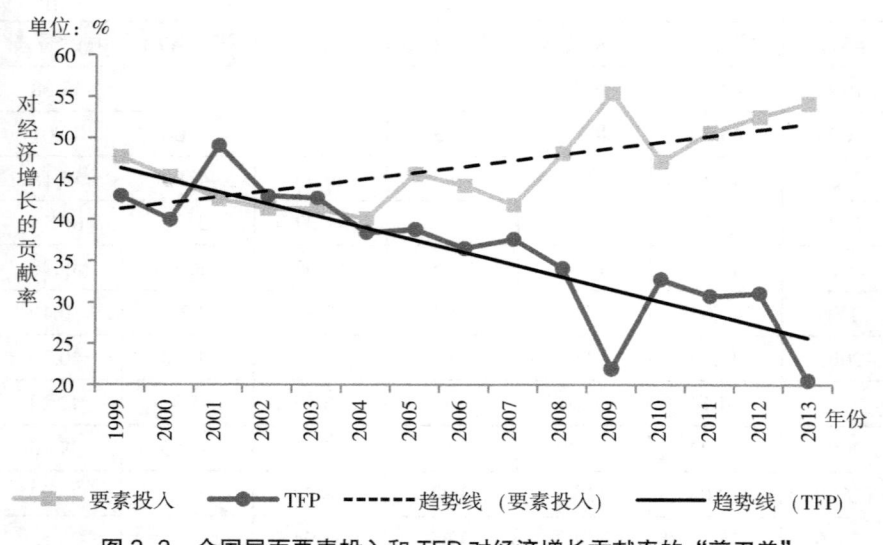

图3-3 全国层面要素投入和TFP对经济增长贡献率的"剪刀差"

3.3.1.2 地区层面

首先，以省（区、市）为单位绘制TFP对经济增长贡献率的走势图（见图3-4）。可以看出，1998—2013年除了江苏、浙江、山东持平，广西上升之外，各省（区、市）TFP对经济增长的贡献率普遍走低，说明经济增长的效率驱动力普遍减弱，各省（区、市）的经济增长方式普遍恶化。

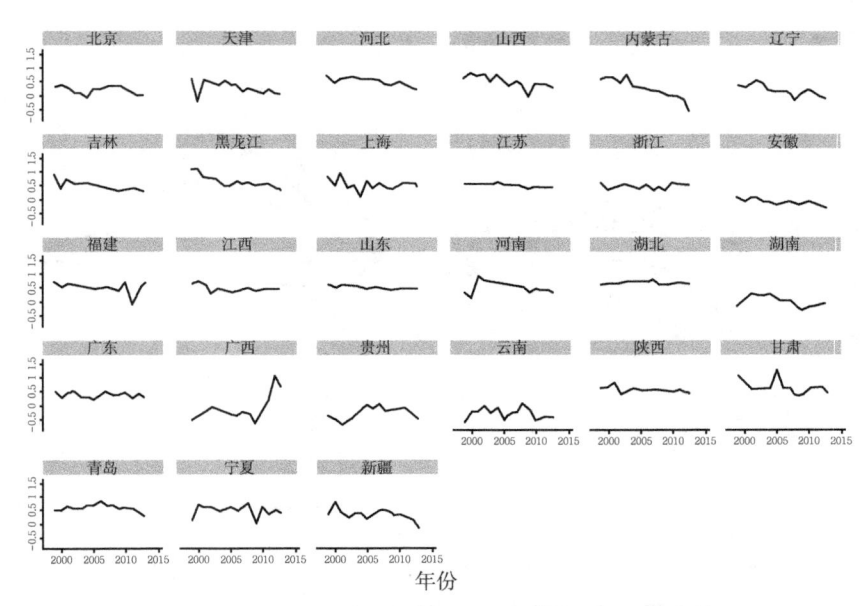

3 高质量发展及经济增长方式的测算

图 3-4 各省（区、市）TFP 对经济增长贡献率的走势图

然后，按照传统的东部、中部、西部的划分进行比较。其中，东部地区包括北京、天津、河北、辽宁、上海、江苏、浙江、福建、山东、广东十省（市），中部地区包括山西、吉林、黑龙江、安徽、江西、河南、湖北、湖南八省，西部地区包括内蒙古、广西、贵州、云南、陕西、甘肃、青海、宁夏、新疆九省（区）。本书分别绘制了三个地区要素投入贡献率、TFP 贡献率以及二者比值的走势图（见图 3-5~图 3-7）。可以发现：①横向比较而言，无论是从要素投入贡献率的角度（越小越好）还是从 TFP 贡献率的角度（越大越好）评价经济增长方式的集约化水平，都是东部最优、中部次之、西部最差，表明经济增长方式存在明显的梯度结构，即地区经济越发达，经济增长方式越集约；②纵向比较而言，东部、中部、西部的粗放型特征都在逐年加剧，并以中部地区最为严重（图 3-7 中趋势线斜率最大）。

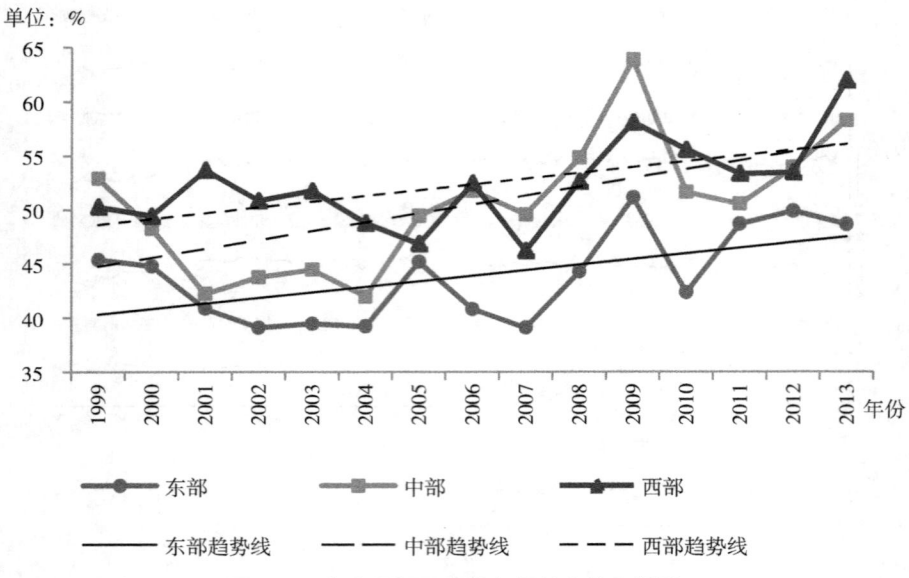

图 3-5 东中西部要素投入贡献率的走势图

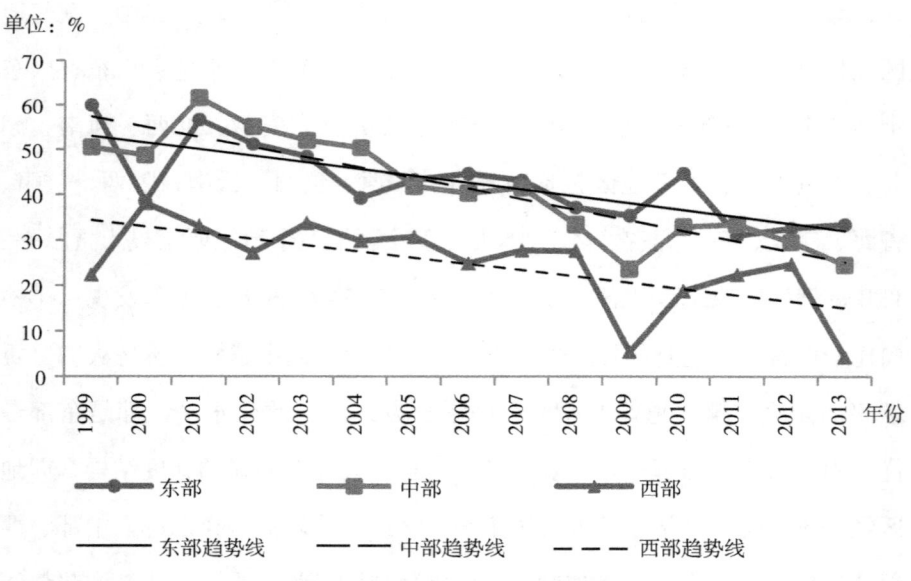

图 3-6 东中西部 TFP 贡献率的走势图

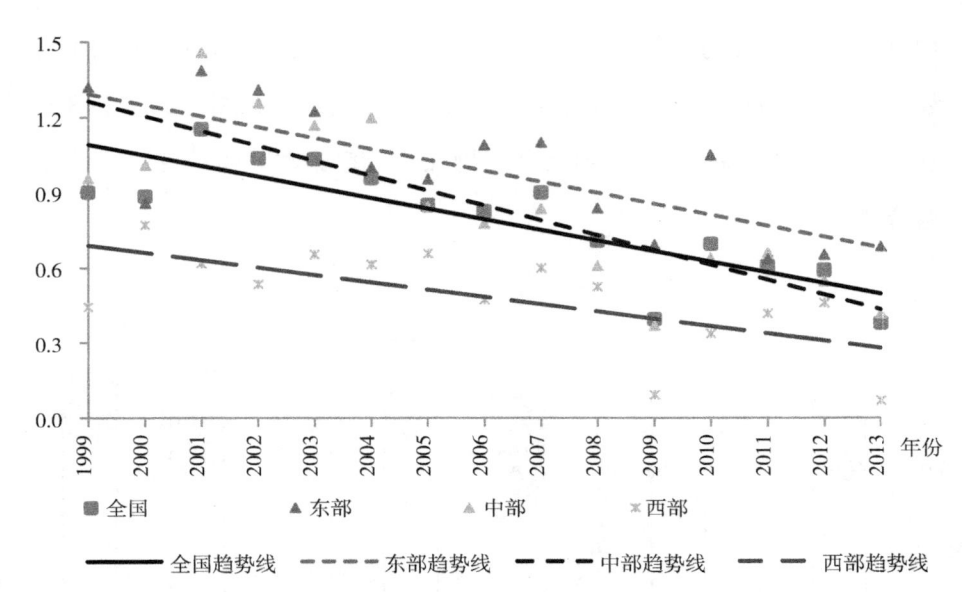

图 3-7　全国和东中西部 TFP 贡献率与要素投入贡献率比值的走势图

3.3.2　时间维度

虽然在整个观察期内经济增长方式都呈现粗放型特征加剧的趋势，但是依然能清晰地看出 2009 年的"拐点"意义——TFP 对经济增长的贡献率在这一年出现了"断崖式"下降（从 34.04% 下降到 21.94%），原因就在于 TFP 在这一年从先前的上升通道转入下降通道（见表 3-2）。TFP 下降的原因既有后发追赶的规律性因素[1]，又有经济下行时期生产率增速较低的顺周期特点因素，还有自身的特殊因素，即为了应对 2008 年国际金融危机而实施的四万亿投资刺激计划在一定程度上

---

[1]　生产率增速趋缓是追赶型经济体由快速追赶状态迈向成熟状态的一般性规律。刘世锦（2015）援引"宾州大学世界表 8.0"分析发现：①美国等处于技术前沿的发达国家，生产率增长相对比较稳定，一直保持在 1% 左右。②在人均 GDP 达到 11000 国际元左右的发展阶段上，日韩等后发追赶国家的生产率都出现由较高增速向较低增速的转变。日本在 1960—1973 年高速增长阶段的生产率年均增速达到 5.58%，而随后开始大幅下滑，1973—1980 年生产率甚至出现负增长；韩国在 1980—1990 年高速增长阶段的生产率年均增速接近 3%，之后回落至 1% 以下。③我国生产率增长与日韩等成功追赶型经济体表现出相同的趋势。1980—2007 年，年均增速超过 3%，2007—2011 年下滑至 1.6% 左右。

加剧了部分领域的产能过剩。本书以2009年为界,将1998—2013年划分为两个时间段,绘制出要素驱动与效率驱动的堆积图(见图3-8),从中可以看出2009年之后要素驱动增强、效率驱动减弱是各地区的普遍趋势。

单位:%

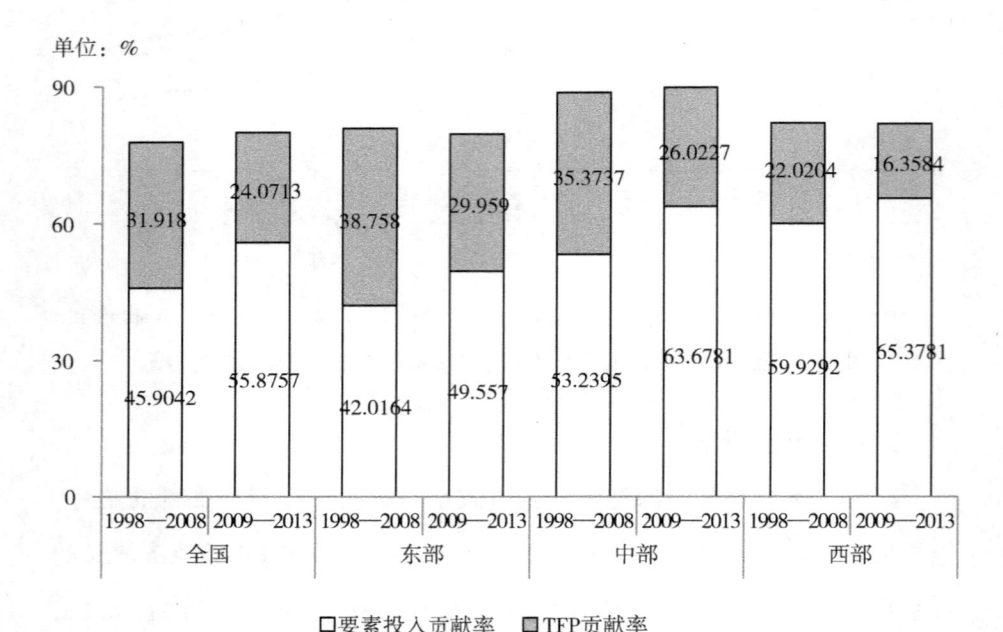

区域	时段	要素投入贡献率	TFP贡献率
全国	1998—2008	45.9042	31.918
全国	2009—2013	55.8757	24.0713
东部	1998—2008	42.0164	38.758
东部	2009—2013	49.557	29.959
中部	1998—2008	53.2395	35.3737
中部	2009—2013	63.6781	26.0227
西部	1998—2008	59.9292	22.0204
西部	2009—2013	65.3781	16.3584

图3-8 2009年前后全国和东中西部要素驱动与效率驱动的堆积图

3.3.3 动力维度

通过上述分析还可以得出以下结论。

(1)要素投入贡献率主要来自资本投入,存在经济越落后、资本驱动越严重的梯度结构,而且这种趋势还在增强。然而,单纯依靠投资拉动的资本驱动模式不可持续。一方面,我国的投资率已接近50%,有的地区甚至达到80%,继续增长的空间有限;另一方面,如果考虑到蔡昉(2013)指出的我国中西部地区已出现有悖于资源禀赋结构的"资本过度深化"现象,将遭遇资本报酬递减规律的报复[①],则我们必须警惕这种趋势的持续发展。

(2)TFP贡献率主要来自技术进步,存在经济越落后、技术驱动越弱的梯度结构。近年来,技术进步的贡献率普遍走低,全国层面2012年、2013年每年下降约10个百分点,这在一定程度上说明随着我国距离世界生产前沿面越来越近,通过资金、设备引进和技术模仿实现技术进步的空间越来越小。技术进步的正拉动减弱和技术效率的持续负拉动,支持了王小鲁等(2009)的判断——效率提高的外源性因素将逐渐淡出,由前期改革所带来的效率提高的内源性因素将随着逐渐释放而减弱。

3.4 本章小结

本书以经济增长方式的集约化转变作为高质量发展的主要内涵。针对以TFP作为经济增长方式转变的直接测度指标存在的不足,本章首先通过数理推导构造了一组多角度的测算指标,然后运用永续盘存法进行了变量构造,在此基础上运用DEA-Malmquist生产率指数等方法对1998—2013年我国各省(区、市)经济增长方式转变的效果进行了测算和分析。测算结果表明:空间维度上,粗放型特征普遍加剧,要素驱动和效率驱动的"剪刀差"持续扩大,地区性的梯度结构显著;时间维度上,2009年是明显的拐点,TFP及其对经济增长的贡献率在这一年双双骤降;动力维度上,资本驱动增强,效率驱动的外源性、内源性因素同时减弱。总体而

---

① 东部地区具有相对丰富的资本要素,在资本密集型产业上具有比较优势;中西部地区具有劳动力丰富和成本低的比较优势,适合发展劳动密集型产业。但是,中西部地区制造业的资本密集程度(以资本劳动比衡量)在2000年以后迅速上升,其绝对水平已高于沿海地区,如2007年中部和西部地区制造业的资本劳动比分别比东部地区高出20.1%和25.9%(蔡昉等,2009)。这种情况下资本报酬递减规律在现实中的表现是,随着劳动力成本提高,企业购买更多的机器来替代劳动,但是在劳动者素质不变的情况下增加设备,由于人与机器的协调程度降低等因素,生产过程的效率反而下降(蔡昉,2013)。

言，我国经济增长方式转变的成效不容乐观。

  高质量发展及经济增长方式的测算是回答本书三个研究问题的数据基础。本章测算过程较为细致，测算结果延续了其他学者对我国经济增长方式转变趋势的判断，具有较好的稳健性，这为后文实证分析提供了基础。

4 企业家精神驱动高质量发展了吗

本章旨在回答研究问题1，即"企业家精神是否以及如何驱动高质量发展？"首先，引入奥地利学派的市场过程范式，对企业家精神如何驱动高质量发展做出更贴近真实世界的机理分析；其次，提出相应的机理模型和研究假设，进行研究设计；最后，给出实证分析结果。

4.1 企业家精神对高质量发展的影响机制

4.1.1 市场过程范式的引入

高质量发展是党的十九大报告提出的经济发展新方位，在此之前并无关于企业家精神与高质量发展的直接研究。不过，国内外学者关于企业家精神与经济增长方式的关系已经形成了一些研究成果，第2章对此进行了综述。这些文献大致是从企业家职能、企业家人力资本、管理要素投入三个视角进行分析的，理论系统性仍显不足。同时，这些视角局限于主流经济增长理论，以一般均衡为基础，以完全知识为假设，假定决策是在已知概率函数分布并给定偏好、资源约束和技术条件下的最大化个人效用选择，由此不可避免地存在"未能针对决策时所面对的不确定性、有限的理性行为、制度的复杂性以及动态的实际调整过程"做出解释的缺陷（Nelson 和 Winter，1982）。

对真实世界中企业家活动过程的分析，是奥地利学派最主要的贡献。奥地利学派反对完全知识的假设，认为现实世界具有极端不确定性，不仅人的"目的-手段"行为框架（Means-Ends Frameworks）本身并不存在，而且也没有一个客观的数据集合，从而不存在由此导出的最优资源配置方案，因此不均衡才是市场的常态。市场不均衡意味着利润机会，正是由于具有想象力、创造力的企业家对市场中获利机会的发现，才形成了动态的资本主义市场过程（刘业进和朱海就，2012）。

以下对主流经济学派的最大化范式和奥地利学派的市场过程范式进行简要比较。主流经济学派秉持完全知识假设，虽然新古典经济学家斯蒂格利茨正视不完全信息问题，但是在他看来，信息的可得性是知道的（即知道无知），只是生产和获取成本太高，存在一个高昂的信息成本。与此不同，以柯兹纳为代表的奥地利学派秉持不完全知识假设，且其不仅包含信息不完全，还包含"纯粹的无知"（Sheer Ignorance），即根本不知道那个无知状态的存在（Kirzner，1997）。这两种不同的假设导致了两种范式的分野：前者的一系列逻辑推论导向新古典主流范式，即最大化范式，它将个体决策限定在一个给定的"目标-手段"框架之内；后者导向另一种新的分析范式，即市场过程范式，它意味着市场参与者不是全知全能的，市场不均衡是常态，利润机会总是存在，个体决策具有对"目的-手段"框架本身的警觉性，即确认哪些目标该追求、哪些手段可得，这也意味着警觉、想象力、惊奇、魄力在个体决策中发挥着中心作用（Kirzner，1997）。两个范式的对比如表4-1所示。

表4-1 市场过程范式与最大化范式的对比

对比维度	市场过程范式 （奥地利学派）	最大化范式 （主流经济学派）
知识假设	信息不完全、纯粹的无知	完全知识、信息不完全
市场常态	不均衡	均衡

续表

对比维度	市场过程范式 （奥地利学派）	最大化范式 （主流经济学派）
个体决策	对"目的–手段"框架的搜寻 给定的"目标–手段"框架之内的决策	给定的"目标–手段"框架之内的决策
驱动力量	企业家发现	价格机制

资料来源：根据刘业进和朱海就（2012）整理。

可见，市场过程范式真正把企业家作为市场过程的推动力量（王廷惠，2007），有利于揭示真实世界中企业家的影响机制，故作为本章的理论分析范式。

4.1.2 影响机制分析

接下来基于市场过程范式，按照"市场不均衡（利润机会）→企业家精神→趋向均衡方向"的逻辑脉络，结合信息不对称和知识溢出创业理论，分析企业家精神对高质量发展及经济增长方式转变的影响机制。

企业家机会即利润机会，是由市场不均衡带来的。机会与两个因素有关：一是知识，即存在其他人不知道的获利可能，这涉及知识分布的假设；二是其他人的行动，即存在别人虽然知道但由于机会成本的差异而未加以利用的获利可能。不过，在知识分布与机会成本差异这两个因素中，知识分布是更重要的。这是因为，假设人们具有相同的知识，那么在经济中那些机会成本相近的个体都会争先利用出现的机会，并使这些机会趋于消失（林苞，2013）。因此，机会出现的前提是人们拥有不同的知识。

从知识分布的假设理解利润机会，是奥地利学派的理论前提之一。哈耶克最早指出知识是分散和难以集中的——所有人都有关于自己活动的特定时间和地点的知识且不为其他人所知（Hayek，1945），彼此的无知导致了市场不均衡——市场主体总是在不完全知悉其他主体计划知识的基础上制订计划的，计划不一致必然导致非均衡。知识分散性是市场非均衡和企业家机会的根源。

幸运的是，知识问题可以通过市场过程来解决。首先，非均衡的现实世界存在价格差异，正是价格差异为企业家提供了利润机会，警觉的企业家发现机会并机敏地"通过计划的对抗"加以利用，促进不同市场主体之间的计划趋于协调（Kirzner，1973）。其次，计划协调的过程还伴随着市场主体相互学习的过程，其背后的驱动力是企业家之间的竞争。"哪些产品是稀缺的、它们的稀缺程度有多大，哪些东西是产品、它们的价值有多高，这些恰恰是需要通过竞争才能发现的事实"（Harper，2003），因此竞争和知识相互依赖——竞争促进了知识的扩散，而知识的扩散又倾向于强化竞争，这种交互机制构成了市场主体获取越来越多、越来越精确的双边或多边的关于潜在需求和供给的知识的动态过程。最后，"企业家发现"和市场主体相互学习的市场过程，实现了知识的增长，消除了市场的无知，推动市场趋向均衡。但是，均衡只是一个方向而不是一个点（O'Driscoll 和 Rizzo，1985），因为偏好、资源约束和技术条件的不断变化使得最终均衡无法实现（Kirzner，1985）。

下面进一步区分两类不同性质的知识，详细分析企业家对它们的发现和利用过程。

（1）关于实际情况的知识。它来自资源约束和消费者偏好的变化，影响生产过程的资源配置。从不完全知识假设出发，由于没有一个客观的数据集合，所以不存在由此导出的最优资源配置方案，资源的错误配置在所难免，使得要素市场和产品市场缺乏协调。这恰恰是企业家精神发挥作用的地方：

企业家警觉先于他人意识到这种失调[①]，努力采取行动对资源错误配置进行协调。错误包括以下两种。① 在既有的"目的-手段"框架之内的资源错误配置。在这种情况下，企业家发现属于经济人效率搜寻，其警觉地发现非均衡状态发出的价格信号，在利润机会的激励下纠正市场的无效率。② 突破既有的"目的-手段"框架的资源配置。在这种情况下，企业家发现是对"目的-手段"框架本身的搜寻，对此 Shane 和 Venkataraman（2000）举了一个形象的例子：电影《泰坦尼克》的公映使莱昂纳多成为偶像明星，具有警觉性的企业家发现了这个商机，并通过制售莱昂纳多的海报捕捉商机。总之，关于实际情况的知识造成了资源错误配置，在企业家精神的驱动下，企业家警觉地发现了利润机会，通过协调不同市场主体计划的正确预期（Correct Foresight），"克服不均衡状态的浪费、不协调的速度和精确度"（Kirzner，1997）。

（2）新的科学或技术知识。它来自技术条件的变化，影响生产过程的生产方式。新的科技知识产生于企业为追求创新利润而实施的 R&D 活动，也来自大学和科研机构基础研发的外溢，但是由于新的科技知识所具有的不确定性和缄默性[②]，往往只有发明者才能理解它的重要性与潜力，加上组织决策的保守倾向而存在广泛的"知识过滤"[③]现象（Acs 等，2004），因此新的科技知识同样是分散和难以集中的。但是，具有远见的企业家警觉地预见到

[①] 柯兹纳特别强调了"企业家警觉"的积极主动性。不同于制度经济学基于交易成本的观点，企业家警觉的洞见在于：即使交易成本为零，即使无法律障碍，也无法保证立即、自动、无摩擦地排除资源错误配置，也就是说，交易成本为零并不能保证一个均衡世界的来临。柯兹纳指出，一种信息可以无成本地接触到并不等于知道那种信息，因为一个人可能根本没意识到它。利润机会的发现和捕捉不是消除交易成本和法律障碍这种消极意义上的努力就可以达成的，还需要基于企业家警觉的积极主动寻求过程。

[②] 缄默性是指科技知识无法被完全编码化，也就无法被别人完全理解，无法轻易转移和传播（Polanyi，1958）。

[③] 它包括三个组成部分：一是机构过滤器，如影响研发及商业化的组织障碍等，它影响着能产出多少有潜在价值的发明；二是经济价值过滤器，即影响将发明转化为知识产权（以专利形式）可能性的相关政策；三是商业价值过滤器，反映将知识产权通过许可或新企业创业而商业化的可能性（Carlsson 等，2009）。

未来的利润机会，凭借想象（Imagination）和魄力（Boldness）"采取决断性行动创造将来"（Kirzner，1982），突破现有生产前沿面，迈向更高水平的均衡。大量经验研究证实，企业家才是推动科技知识穿透知识过滤机制的最重要力量（Helpman 和 Trajtenberg，1994；Michelacci，2003；李胜文，2010）。

对比可知，作为利润机会来源的两类知识，它们的发现和利用都统一在企业家警觉的特质之下，捕捉利润机会是企业家行动的共有特征（刘业进和朱海就，2012）。差别在于以下方面。①警觉的指向不同：对实际情况知识的警觉指向对既存事实的觉察，凭借的是"对过去经验的主观理解"（Hayek，1948）；对新的科技知识的警觉则指向对未来机会的想象，凭借的是对"虽不可知但并非不可想象的未来"的主观预期（Lachmann，1995）。②企业家行动不同：对实际情况知识的行动是纠正资源错误配置，既有经济人效率搜寻，也有对"目的－手段"框架本身的搜寻；而对新的科技知识的行动则是引入新的生产方式，是对"目的－手段"框架本身的搜寻。③趋向均衡的方向不同：对实际情况知识的利用推动市场在现有生产前沿面内趋向均衡，提高了技术效率（逼近生产前沿面），对经济增长方式转变产生"水平效应"；对新的科技知识的利用突破了现有生产前沿面，提高了技术进步水平（生产前沿面外移），迈向更高水平的均衡，对经济增长方式转变产生"增长效应"。

其中，可以把发现和利用实际情况知识的企业家行动精神称为柯兹纳式套利精神[①]，把发现和利用新的科技知识的企业家行动精神称为熊彼特式创新精神。套利包括了单期和跨期套利，考虑到新的科技知识的机会在于

---

① 柯兹纳早期的企业家理论回避了未来的不确定性问题。柯兹纳（1982）将早期的一期分析扩展为多期分析，并研究了不确定性在米塞斯的企业家精神中的作用，从而将企业家的创造性和想象力引入新模型中，认为在即期的情况下企业家的敏锐性只需发现现有的事实，而在跨期的情况下企业家必须洞察到如何通过具有创造性和想象力的活动来塑造未来市场。经过这一修正，柯兹纳关于企业家发现的观点就可以包容熊彼特式企业家。尽管如此，本书还是以柯兹纳对企业家精神的核心界定——套利来指代柯兹纳式企业家精神。

未来的利润，可以认为在位企业的熊彼特式创新精神源于企业家基于自利的跨期套利。当新的科技知识不被在位企业利用时，知识便溢出成为内生的创业机会（Acs 等，2009）。通过这两种途径，套利活动激发了创新精神，反过来，创新活动又打破了市场均衡，衍生出新的利润机会，激发套利精神。如此循环往复，技术效率和技术进步得以螺旋上升，驱动经济增长方式的集约化转变，即驱动经济的高质量发展。

为了更直观地理解这个作用过程，本书绘制了以下机理模型（见图 4-1）。

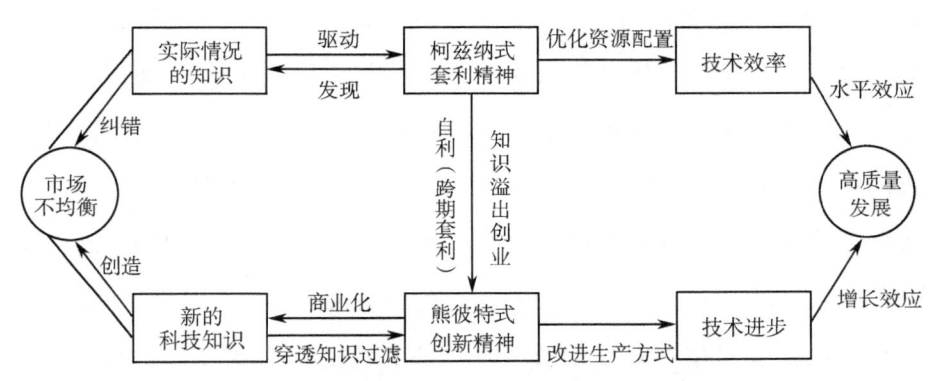

图 4-1　企业家精神驱动高质量发展的机理模型

4.2　研究设计

4.2.1　研究假设的提出

根据上述分析，本书提出三条主要假设。

H1：企业家精神驱动了高质量发展。

H2：企业家精神驱动了技术效率提高。

H3：企业家精神驱动了技术进步。

同时，现有研究发现企业家精神的发挥还受到其他经济因素的影响，存在多种交互作用，如果实证研究中忽略这种交互作用，得到的结果可能是有偏的（夏良科，2010）。为此，将企业家精神与相关经济因素的交互作用纳入回归模型，具体地，在技术效率、技术进步回归模型中考虑不同的交互作用。

（1）在技术效率回归模型中，考虑企业家精神与市场化水平的交互作用。对此有两种观点：第一种观点从企业家才能配置（Baumol，1990）的视角出发，认为自由开放的市场制度能充分发挥价格在资源配置中的基础作用，避免腐败和寻租现象，促进企业家的生产性创业（毕先萍等，2013），所以市场化水平越高，企业家精神越能促进资源配置效率提高；第二种观点从企业家机会的视角出发，认为在中国经济转型的背景下，企业家面临着特殊的制度环境，如资源约束困境、合法性困境、知识产权困境、大量不良竞争行为以及高权力距离等（蔡莉和单标安，2013），市场环境快速变革及制度洞的存在产生大量机会（Li 等，2008），所以市场化水平越低（行政壁垒越高），基于纠错机制的效率改进空间越大，柯兹纳式企业家精神对技术效率改进的贡献度就越高。王然和邓伟根（2011）基于我国工业行业层面的研究证实，在国有企业较多的行政垄断性行业，企业家发挥创业精神，通过引入市场竞争，有利于克服 X- 非效率，对产业技术效率的改进效果十分显著。因此，本书提出假设4及其备择假设。

H4：市场化水平越高，企业家精神对技术效率的驱动作用越大。

H4a：市场化水平越低，企业家精神对技术效率的驱动作用越大。

（2）在技术进步回归模型中，考虑两组交互作用。第一组是企业家精神与R&D活动的交互作用，上文的影响机制分析中已经指出企业家精神是新的科技知识穿透知识过滤的推动力量，于是提出假设5。

H5：企业家精神促进了R&D知识溢出，进而驱动技术进步。

第二组是企业家精神与外资、外贸的交互作用。改革开放以来，我国地方政府大力发展外向型经济，大规模对外招商引资，外资外贸活动通过培训效应、示范效应、竞争效应和联系效应（Michie，2002）给本土企业家带来了更多的技术模仿和学习机会，推动了区域范围内的技术进步。于是提出假设6和假设7。

H6：FDI比重越高，企业家精神对技术进步的驱动作用越大。

H7：外贸依存度越高，企业家精神对技术进步的驱动作用越大。

4.2.2 模型设定和参数说明

根据国内外研究，TFP取决于人力资本、科技研发、产业机构、市场化水平等因素。结合研究需要，本章构建一个类似于C-D生产函数的知识产出函数，TFP是产出变量，它由企业家精神、R&D及一系列控制变量所决定。函数表示如下：

$$TFP_{i,t}=f(E_{i,t}, RD_{i,t}, X_{i,t}) = C_{i,t}E_{i,t}^{\gamma}R_{i,t}^{\delta}\prod_{n=1}^{k}X_{i,t,n}^{\eta_n}$$

式中，$C_{i,t}$为常数项；E表示企业家精神；RD表示R&D强度；X表示一组控制变量，包括人力资本（王小鲁等，2009；夏良科，2010；张小蒂和姚瑶，2011）、外贸和外资（Levin和Raut，1997；颜鹏飞和王兵，2004；张海洋，2005；刘舜佳，2008；吕大国和耿强，2015）、产业结构（颜鹏飞和王兵，2004；吕冰洋和于永达，2008）、市场化水平（王然和邓伟根，2011；罗良文和阚大学，2012；赵文军和于津平，2014）等；γ、δ、η分别表示各解释变量的弹性值。为了降低省级面板数据的异方差影响，对方程两边取对数[①]，得到：

$$\ln TFP_{i,t}=c_{i,t}+\gamma\ln E_{i,t}+\delta\ln RD_{i,t}+\sum_{n=1}^{k}\eta_n\ln X_{i,t,n}+\mu_i+\lambda t+\varepsilon_{i,t}$$

[①] 由于TFP存在负值的情况，其对数形式采用log（1+TFP）的形式；HQD的对数形式同样如此。Wooldridge（2012）认为，当数据并非多数为0时，使用log（1+y）的估计值作为变量log（y）的解释通常是可以接受的。国内文献如张小蒂和姚瑶（2011）也采用了这种做法。

式中，μ_i 用来捕捉各省（区、市）的个体效应；t 是年份趋势变量[①]；ε 是随机扰动项。参照上式，可以得到高质量发展（HQD）的基本回归模型；同时，高质量发展及经济增长方式转变的动力来自技术效率和技术进步两个方面，因此为了更进一步观察转变动力的来源，同样对技术效率（TE）和技术进步（TP）构造回归模型。由此得到静态面板回归估计的三个基准模型，它们是：

$$\ln HQD_{i,t}=c_{i,t}+\gamma \ln E_{i,t}+\delta \ln RD_{i,t}+\sum_{n=1}^{k}\eta_n \ln X_{i,t,n}+\mu_i+\varphi t+\varepsilon_{i,t} \quad (4-1)$$

$$\ln TE_{i,t}=c_{i,t}+\gamma \ln E_{i,t}+\delta \ln RD_{i,t}+\sum_{n=1}^{k}\eta_n \ln X_{i,t,n}+\mu_i+\varphi t+\varepsilon_{i,t} \quad (4-2)$$

$$\ln TP_{i,t}=c_{i,t}+\gamma \ln E_{i,t}+\delta \ln RD_{i,t}+\sum_{n=1}^{k}\eta_n \ln X_{i,t,n}+\mu_i+\varphi t+\varepsilon_{i,t} \quad (4-3)$$

虽然模型（4-1）~（4-3）对可能影响高质量发展的人力资本、外资和外贸等因素进行了控制，但仍然不可避免地存在一些不可观测的影响因素，带来遗漏变量偏差（Omitted Variable Bias）。为此，加入被解释变量的滞后值，构造动态面板数据，得到动态面板回归估计的三个基准模型，它们是：

$$\ln HQD_{i,t}=c_{i,t}+\lambda \ln TEGP_{i,t-1}+\gamma \ln E_{i,t}+\delta \ln RD_{i,t}+\sum_{n=1}^{k}\eta_n \ln X_{i,t,n}+\mu_i+\varphi t+\varepsilon_{i,t} \quad (4-4)$$

$$\ln TE_{i,t}=c_{i,t}+\lambda \ln TE_{i,t-1}+\gamma \ln E_{i,t}+\delta \ln RD_{i,t}+\sum_{n=1}^{k}\eta_n \ln X_{i,t,n}+\mu_i+\varphi t+\varepsilon_{i,t} \quad (4-5)$$

$$\ln TP_{i,t}=c_{i,t}+\lambda \ln TP_{i,t-1}+\gamma \ln E_{i,t}+\delta \ln RD_{i,t}+\sum_{n=1}^{k}\eta_n \ln X_{i,t,n}+\mu_i+\varphi t+\varepsilon_{i,t} \quad (4-6)$$

以上模型（4-1）~（4-6）是检验 H1、H2、H3 的基准模型；同时为了检验 H4~H7，本章还将在基准模型中加入相应变量的交叉项，反映企业家精神与相关经济因素的交互作用。

4.2.3 指标选取和变量定义

（1）被解释变量。以上一章测算的 HQD 指标（TFP 对经济增长的贡

[①] 本研究使用年份趋势变量而非年份虚拟变量，以减少样本的自由度损失。

献率）衡量高质量发展及经济增长方式转变的效果。为了揭示其背后的驱动力，将 TE 和 TP 作为被解释变量放入不同的回归模型。

（2）解释变量。根据图4-1，企业家精神和 R&D 活动的知识溢出息息相关，它们是推动技术效率提高和技术进步的直接力量，所以取二者为解释变量。

①企业家精神。由于在行为过程中柯兹纳式和熊彼特式企业家精神密不可分，在统计数据上无法分别测度，只能以企业家占就业人口的比重来测度总体的企业家精神[①]。此外，本章在初步计量检验中区分了生存型和机会型两种企业家精神[②]，但结果显示只有机会型企业家精神对被解释变量有显著影响，所以本章将只报告机会型企业家精神（OE）的回归结果，该指标以私营企业投资者人数占就业人口的比重来衡量。

② R&D 活动。R&D 活动是新的科技知识产生的主要来源，由于 R&D 产出的多样性，本章用投入角度的 R&D 强度（RD）即 R&D 经费支出占 GDP 的比重来衡量[③]。

（3）控制变量。具体包括以下内容。

①人力资本。现有研究表明，人力资本能增强吸收和应用现有技术或者创造新技术的能力，从而促进生产率增长（Griffith 等，2004；Caselli 和 Coleman，2006；Bronzini 和 Piselli，2009）。当前西方学者对于人力资本积累通常用员工平均受教育年限来表示（Barro，1991；Cohen 和 Soto，2007），但是由于无法获得我国各类员工所受教育年限的数据，且20世纪90年代中期以来我国普遍实施了九年制义务教育，故本章用就业人口中高

[①] 尽管如此，本章的技术效率回归模型、技术进步回归模型分别纳入了企业家精神变量，这两个模型的回归结果在一定程度上可视作对柯兹纳式和熊彼特式企业家精神的分别检视。

[②] 国内外研究发现，由于创业动机、技能、资源的差别，生存型企业家精神（NE）对生产率增长没有影响，机会型企业家精神（OE）则对生产率增长有积极影响（卢成镐，2012）。

[③] 本研究也用专利申请密度（专利申请量/总人口）作为替代指标进行了回归估计，估计结果较为接近。

中及以上文化水平占比来控制教育程度（education）。

②外资活动。以外商直接投资占 GDP 的比重（fdi）来衡量。

③外贸活动。以外贸依存度即进出口总额占 GDP 的比重（trade）来衡量。

④产业结构。在三次产业结构中，第二产业（工业和建筑业）的技术相对复杂，农业和服务业采用的技术相对简单，因此可以认为第二产业占比越高，生产前沿面越领先（吕冰洋和于永达，2008）。本章以第二产业增加值占 GDP 的比重（industry）来衡量产业结构。

⑤市场化水平。许多证据表明，在我国经济转型的过程中，原有的计划经济导致资源配置偏离最优路径，而市场化则通过改善资源配置和激励机制促进效率的提高（王小鲁等，2009；樊纲等，2011）。市场化水平常用的一个衡量指标是樊纲（2001、2003、2004、2007、2010）发布的各省份市场化指数，但是该指数只更新到 2009 年度。为此，本章使用国有经济比重（soe）作为市场化指数的逆向指标，王然和邓伟根（2011）、罗良文和阚大学（2012）等也都采取了这种做法。

4.2.4 数据说明和描述统计

在良好的政府与企业家关系的框架下，企业家的涌现应该是一个持续的过程。但中国的实际情况是企业家产生具有典型的代际特征（陈宪，2013）：第一代企业家出现在 1978 年农村家庭联产承包责任制实施到 1988 年《宪法（修正案）》颁布期间；第二代企业家出现在 1992 年邓小平南方谈话之后；第三代企业家出现在 1998 年之后，1998—2003 年期间实施的国有企业"抓大放小"和战略性重组等改革措施，使国有企业民营化浪潮席卷全国。为此，本书将企业家精神的观察期定在 1998—2013 年。

接应上一章对我国 27 个省（区、市）1998—2013 年高质量发展及经济增长方式转变的测算数据，本章的实证样本同样选取这 27 个省（区、

4 企业家精神驱动高质量发展了吗

市）1999—2013 年[①]的相关指标数据，构成 N=27、T=15 的平衡面板数据，共计 405 个观察值。所有数据均来自相关年份的各省（区、市）统计年鉴。各变量的描述性统计结果如表 4-2 所示。为避免严重的多重共线性，采用方差膨胀因子（Variance Inflation Factor，VIF）进行多重共线性检验，VIF 值越大说明相关系数之间的共线性越大，通常情况下 VIF 值小于 10 表示各变量间没有明显的相关性，可同时用于模型回归。本书检验结果显示变量的 VIF 值均不超过 3.0，可以认为不存在多重共线性。

表 4-2 变量的描述性统计结果

变量	符号	计算公式	平均值	标准差	最小值	最大值	VIF
高质量发展	HQD	TFP 对经济增长的贡献率	0.3663	0.3364	-0.6835	1.3005	—
技术效率	TE	Malmquist 指数分解	0.9959	0.0227	0.9120	1.0920	—
技术进步	TP	Malmquist 指数分解	1.0472	0.0390	0.8960	1.1070	—
机会型企业家精神	OE	私营企业投资者人数/就业人口	0.0204	0.0227	0.0014	0.1547	3.00
R&D 强度	RD	R&D 经费支出/GDP	0.0119	0.0105	0.0011	0.0628	2.39
教育程度	education	就业人口中高中及以上文化水平占比	0.2535	0.1198	0.0650	0.7613	2.68
外贸依存度	trade	进出口总额/GDP	0.3404	0.4256	0.0316	1.7215	2.79
FDI 比重	fdi	FDI 总额/GDP	0.0266	0.0247	0.0007	0.1465	1.93
产业结构	industry	第二产业增加值/GDP	0.4741	0.0694	0.2232	0.6642	1.40
市场化水平	soe	国有工业总产值/规模以上工业企业总产值	0.4921	0.2141	0.1057	0.9489	1.85

注：VIF 值为方差膨胀因子，该列数值为各解释变量取对数之后的 VIF 值。

[①] 由于 Malmquist 生产率指数计算结果为样本的跨期生产率，故测算结果不包含 1998 年。

4.3 实证分析

这一节以模型（4-1）~（4-3）为基准模型进行静态面板估计，再以模型（4-4）~（4-6）为基准模型进行动态面板估计，最后归纳主要结论。

4.3.1 静态面板估计

4.3.1.1 个体效应模型和单位根检验

在进行静态面板估计之前，考虑以下可能影响实证分析结果的因素。

（1）个体效应模型的选择，即应该使用固定效应模型（Fixed Effects Model，简记为 FE）还是随机效应模型（Random Effects Model，简记为 RE）。判别方法是豪斯曼检验（Hausman，1978），如果原假设成立则选择随机效应模型，反之则选择固定效应模型。

（2）单位根检验。现代计量经济学理论认为，利用非稳定变量进行回归分析会出现虚假回归，导致估计结果失效。依据数据生成方式（Data Generation Process）的不同，面板数据可分为同质型面板数据和异质型面板数据两类。在同质型面板数据中，决定数据生成的系数在所有的横截面单元中都相同；而在异质型面板数据中，决定数据生成的系数在不同的横截面单元中可以不同。对应地，有两类面板数据单位根检验方法：第一类针对同质型面板数据进行检验，如 LLC 检验（Levin、Lin 和 Chu，2002），认为各截面间存在同质单位根过程；第二类针对异质型面板数据进行检验，如 IPS 检验（Im、Pesaran 和 Shin，2003）、Fisher-ADF 检验（Maddala 和 Wu，1999）、Fisher-PP 检验（Choi，2001），认为各截面间存在异质单位根过程。本章选用最常用的 LLC 检验和 Fisher-ADF 检验对回归残差进行面板单位根检验，前者适合存在共同单位根的情况，后者则允许单个单位根过程存在。如果在给定的显著性水平上拒绝了原假设，则表明回归残差是平稳的，不存在虚假回归。

估计结果（见表4-3）显示：①豪斯曼检验表明仅有第1列接受了随机效应成立的原假设，应采用 RE 模型，其他各列都拒绝了原假设，应采用 FE 模型；②对回归残差的 LLC 检验和 Fisher-ADF 检验结果都在最低 10% 的显著性水平下拒绝了原假设，表明不存在虚假回归情况。

表 4-3 企业家精神驱动高质量发展的回归估计结果（静态面板）

解释变量	（1）lnHQD	（2）lnHQD	（3）lnTE	（4）lnTE	（5）lnTP	（6）lnTP	（7）lnTP	（8）lnTP
lnOE	0.0496* (1.88)	0.0073 (0.20)	-0.0098*** (-3.19)	-0.0075** (-2.37)	0.0130*** (3.11)		0.0162*** (3.45)	0.0132*** (3.27)
lnRD	0.0021 (0.05)	-0.0553 (-0.83)	-0.0252*** (-3.86)	-0.0236*** (-3.71)	0.0135*** (3.12)	-0.0016 (-0.29)	0.0132*** (3.17)	0.0159*** (3.35)
lnfdi		-0.0717* (-1.81)	-0.0057 (-1.62)	-0.0066* (-1.87)	-0.0041 (-1.56)	-0.0045* (-1.71)		-0.0043 (-1.62)
lntrade		0.1478** (2.17)	0.0171** (2.25)	0.0171** (2.24)	0.0134*** (2.96)	0.0117** (2.63)	0.0137*** (3.01)	
lneducation		0.0056 (0.06)	-0.0157 (-1.12)	-0.0150 (-1.08)	0.0138 (1.35)	0.0135 (1.31)	0.0136 (1.35)	0.0109 (1.13)
lnindustry		0.0656 (0.40)	-0.0126 (-0.73)	-0.0149 (-0.82)	0.0436*** (3.56)	0.0314*** (2.87)	0.0458*** (3.79)	0.0376** (2.62)
lnsoe		0.0073 (0.10)	-0.0192*** (-2.94)		0.0167** (2.43)	0.0169** (2.35)	0.0176*** (2.60)	0.0170** (2.46)
lnOE × lnsoe				0.0047*** (3.61)				
lnOE × lnRD						-0.0030*** (-4.86)		
lnOE × lnfdi							0.0009* (1.80)	
lnOE × lntrade								-0.0016* (-2.05)

续表

解释变量	(1) lnHQD	(2) lnHQD	(3) lnTE	(4) lnTE	(5) lnTP	(6) lnTP	(7) lnTP	(8) lnTP
t	−0.0172*** (−3.81)	−0.0120 (−1.12)	0.0026** (2.32)	0.0026** (2.37)	−0.0046*** (−5.10)	−0.0045*** (−6.42)	−0.0044*** (−4.94)	−0.0048*** (−5.52)
常数项	0.6335** (2.56)	0.1616 (0.32)	−0.2285*** (−4.47)	−0.2154*** (−4.21)	0.2743*** (5.70)	0.1951*** (5.51)	0.2884*** (6.24)	0.2688*** (5.25)
lnOE 偏效应				−0.0114			0.0125	0.0159
lnRD 偏效应						0.0113		
R^2	0.0744	0.1371	0.1134	0.1190	0.2494	0.2472	0.2512	0.2385
F 检验	32.41***	8.47***	5.11***	5.04***	20.63***	18.94***	22.03***	21.88***
豪斯曼检验	2.50	41.09***	49.80***	52.07***	34.14***	32.23***	30.94***	30.30***
模型选择	RE	FE	FE	FE	FE	FE	FE	FE
LLC 检验	−4.1782*** (0.0000)	−4.9543*** (0.0000)	−7.1270*** (0.0000)	−7.2213*** (0.0000)	−1.3864* (0.0828)	−1.5968* (0.0552)	−1.4144* (0.0786)	−1.6895** (0.0456)
Fisher-ADF 检验	114.6309*** (0.0000)	125.3628*** (0.0000)	143.7054*** (0.0000)	144.5350*** (0.0000)	121.2891*** (0.0000)	117.1170*** (0.0000)	122.3483*** (0.0000)	122.3764*** (0.0000)
观察值	405	405	405	405	405	405	405	405

注：①系数估计的括号内数值在 FE 模型中代表 t 值，在 RE 模型中代表 z 值。LLC 检验、Fisher-ADF 检验结果的括号内数值代表 p 值。②***、**和*分别代表在1%、5%和10%的显著性水平下拒绝原假设。③R^2 值统一取组内（within）R^2 值。④lnOE 和 lnRD 偏效应为笔者根据回归结果计算得到，计算方法参见 Wooldridge（2012）。

4.3.1.2 估计结果

接下来分析各变量的估计系数。表4-3中第1~2列是关于HQD的回归结果。在仅考虑企业家精神、R&D强度和时间趋势项的情况下，企业家精神显著驱动了高质量发展，弹性值为5%。在加入一系列控制变量之后，企业家精神系数依然为正，但并不显著，R&D强度的系数则由正转负。这并没有支持H1。在控制变量方面，FDI比重的系数显著为负，外贸依存度的系数显著为正,其他变量的影响系数则不显著。

第 3~4 列是关于 TE 的回归结果。企业家精神、R&D 强度的影响系数都显著为负,说明企业家精神和 R&D 活动并未有助于我国技术效率提升,这否定了 H2。在控制变量方面,外贸依存度的系数显著为正,市场化水平的系数显著为负,FDI 比重、教育程度、产业结构的系数为负但不显著。第 4 列加入了企业家精神与市场化水平的交叉项①,交叉项系数显著为正,说明市场化水平(以国有经济比重为逆向指标)越低,企业家精神对技术效率的驱动作用越大,这支持了 H4a。

第 5~8 列是关于 TP 的回归结果。企业家精神、R&D 强度的影响系数都显著为正,说明企业家精神和 R&D 活动显著驱动了我国技术进步,这支持了 H3。但是在第 6 列中加入企业家精神与 R&D 强度的交叉项后,系数显著为负,表明企业家精神并未促进 R&D 知识溢出,这否定了 H5。在第 7 列中加入企业家精神与 FDI 比重的交叉项后,系数显著为正,表明FDI 激发了企业家精神的技术进步效应,支持了 H6。在第 8 列中加入企业家精神与外贸依存度的交叉项后,系数显著为负,表明进出口贸易抑制了企业家精神的技术进步效应,否定了 H7。在控制变量方面,外贸依存度、产业结构、市场化水平(逆向指标)的系数显著为正,FDI 比重和教育程度的系数不显著。

最后,对回归模型进行整体检验。对于面板数据而言,R^2 水平是可以接受的。F 检验结果也表明各列均通过了 1% 的联合显著性水平检验。另外需要说明的是,由于第 4、6、7、8 列加入了交叉项,变量的弹性值同

---

① 由于将 lnOE、lnsoe、lnOE×lnsoe 同时纳入回归模型将出现严重的多重共线性,所以在加入交叉项 lnOE×lnsoe 的同时剔除了 lnsoe,但是这并不影响对交叉项回归系数的解释。可以证明,在第 4 列中 $\frac{\partial \ln TE}{\partial \ln OE}$ =-0.0075+0.0047lnsoe,显然 soe 越大(市场化水平越低),企业家精神对技术效率提升的弹性值越大。

时取决于单变量和交叉项的系数,本章计算并给出了相应的 lnOE 和 lnRD 偏效应。

4.3.2 动态面板估计

4.3.2.1 内生性处理

动态面板可能因解释变量的内生性而不能一致和无偏地估计系数,内生性来自三个方面:①引入了被解释变量的一阶滞后项作为动态项,该项容易与随机误差项存在相关关系;②用企业家比重作为企业家精神的代理指标,不可避免地存在测量误差;③正如上一章中发现经济增长方式存在梯度结构,经济增长越快的地区可能 TFP 越高,也可能更容易催生在多变的经济环境中善于把握市场机会的企业家群体(李宏彬等,2009),也就是说,企业家精神可能是高质量发展的结果而不是原因,这将导致估计结果的联立性偏差(Simultaneous Bias)。所以,模型(4-4)~(4-6)中的 $lnHQD_{i,t-1}$、$lnTE_{i,t-1}$、$lnTP_{i,t-1}$、$lnOE_{i,t}$ 都是内生变量。

工具变量法是解决内生性问题的传统方法。由于寻找合适的工具变量在实践中通常比较困难,面板数据常常使用内生解释变量的滞后变量作为工具变量[①]。Arellano 和 Bond(1991)提出了差分广义矩估计(Difference GMM)方法,其思想是首先对估计方程进行一阶差分以消除固定效应的影响,然后用解释变量的滞后值作为差分方程的工具变量。但是,研究表明,当回归项的时间序列接近于随机游走过程时,回归项的滞后变量会受到弱工具变量的影响,使得估计结果出现偏差。为克服这一问题,Arellano 和 Bover(1995)、Blundell 和 Bond(1998)提出了系统广义矩估

[①] 工具变量的两个要求即相关性(工具变量与内生解释变量相关)与外生性(工具变量与扰动项不相关)常常自相矛盾,因为与内生解释变量相关的变量往往与被解释变量的扰动项也相关。对面板数据而言,一方面,内生变量的滞后变量与其相关;另一方面,由于滞后变量已经发生,可视作"前定变量",可能与当期扰动项不相关(陈强,2010)。

计（System GMM）方法，它在差分广义矩估计的基础上增加了解释变量的一阶差分滞后项作为原水平方程的工具变量，并将水平方程和差分方程作为一个系统同时对其进行估计，从而较好地解决了内生性问题。因此，本章选择 $lnHQD_{i,t-1}$、$lnTE_{i,t-1}$、$lnTP_{i,t-1}$、$lnOE_{i,t}$ 的一阶滞后项分别作为自身的工具变量，实施系统广义矩估计。

依照 Arellano 和 Bond（1991）、Arellano 和 Bover（1995）及 Blundell 和 Bond（1998）的建议，分别采用 Sargan 检验和 Arellano-Bond 检验对工具变量的有效性以及模型设置的合理性进行检验。①Sargan 检验用来检验工具变量的过度识别问题，即检验工具变量是否有效，原假设为工具变量有效。检验结果（见表4-4）显示，各列 Sargan 检验的 p 值全部未通过显著性水平检验，接受原假设，即工具变量是有效的。②Arellano-Bond 检验分为 AR（1）检验和 AR（2）检验，分别用来考察差分后的残差项是否存在一阶和二阶序列相关。如果不存在自相关，则系统 GMM 有效，原假设为差分后的残差项不存在自相关。Roodman（2006）放宽了这一限制，认为差分后的残差项即使存在一阶自相关，但只要不存在二阶自相关，系统 GMM 依然有效。检验结果显示，各列 AR（2）至少都在 1% 的水平上不显著，接受残差项不存在自相关的原假设，表明模型设置是合理的。对此，Wald 检验结果也予以了佐证。

表4-4　企业家精神驱动高质量发展的回归估计结果（动态面板）

解释变量	（1）lnHQD	（2）lnHQD	（3）lnTE	（4）lnTE	（5）lnTP	（6）lnTP	（7）lnTP	（8）lnTP
L.Y	0.5057***（5.03）	0.4285***（5.21）	0.1920***（3.63）	0.1977***（3.80）	0.4691***（7.38）	0.4685***（8.59）	0.4578***（8.58）	0.4867***（7.11）
lnOE	0.0623（0.67）	0.0015（0.03）	-0.0221（-1.40）	-0.0186（-1.24）	0.0361***（2.77）		0.0417**（2.00）	0.0671**（2.06）

续表

解释变量	（1）lnHQD	（2）lnHQD	（3）lnTE	（4）lnTE	（5）lnTP	（6）lnTP	（7）lnTP	（8）lnTP
lnRD	0.0392（0.54）	-0.0621（-0.54）	-0.0064（-0.65）	-0.0083（-0.82）	-0.0048（-0.40）	-0.0328*（-1.67）	0.0007（0.05）	-0.0116（-0.59）
lnfdi		-0.0303（-1.16）	-0.0097***（-2.80）	-0.0092***（-2.60）	0.0029（0.57）	0.0007（0.14）		0.0046（0.78）
lntrade		0.1065（1.55）	0.0286***（2.83）	0.0279***（2.84）	-0.0294***（-3.41）	-0.0217**（-2.18）	-0.0287**（-2.13）	
lneducation		0.1674**（2.11）	-0.0148（-1.51）	-0.0141（-1.42）	0.0217**（2.24）	0.0316***（2.88）	0.0228**（2.32）	0.0185（1.57）
lnindustry		0.5759**（2.01）	0.0235（0.91）	0.0249（0.94）	0.0991***（3.47）	0.0939***（2.85）	0.1247***（4.64）	0.1234***（3.21）
lnOE	0.0623	0.0015	-0.0221	-0.0186	0.0361***		0.0417***	0.0671**
lnsoe		0.0258（0.23）	0.0017（0.11）		-0.0076（-0.46）	-0.0036（-0.23）	-0.0070（-0.45）	-0.0126（-0.80）
lnOE × lnsoe				-0.0016（-0.51）				
lnOE × lnRD						-0.0059**（-2.56）		
lnOE × lnfdi							0.0012（0.63）	
lnOE × lntrade								0.0111**（2.44）
t	-0.0164*（-1.78）	-0.0160*（-1.65）	0.0036**（1.96）	0.0034**（2.12）	-0.0076***（-4.43）	-0.0066***（-3.96）	-0.0081***（-3.81）	-0.0085***（-3.69）
常数项	0.7161*（1.88）	0.7723（1.15）	-0.1512**（-2.27）	-0.1366**（-2.19）	0.2805***（4.57）	0.1251**（2.00）	0.3222***（4.78）	0.3674***（4.04）
lnOE 偏效应				-0.0173			0.0368	0.0482
lnRD 偏效应						-0.0074		
Sargan 检验	0.9979	1.0000	0.9995	0.9995	0.9979	0.9984	0.9983	0.9987
AR（1）	0.0035	0.0055	0.0007	0.0006	0.0029	0.0034	0.0024	0.0024
AR（2）	0.1189	0.1546	0.0248	0.0212	0.7907	0.7605	0.8091	0.9704

续表

解释变量	（1）lnHQD	（2）lnHQD	（3）lnTE	（4）lnTE	（5）lnTP	（6）lnTP	（7）lnTP	（8）lnTP
Wald 检验	128.83***	98.49***	83.82***	84.81***	315.46***	889.75***	562.25***	181.12***
观察值	378	378	378	378	378	378	378	378

注：① L.Y 表示对应被解释变量的一阶滞后项。在 1~2 列中代表 L.lnHQD，3~4 列中代表 L.lnTE，5~8 列中代表 L.lnTP。②系数估计的括号内数值代表 z 值。Sargan 检验、AR（1）、AR（2）报告的是 p 值。③ ***、** 和 * 分别代表在 1%、5% 和 10% 的显著性水平下拒绝原假设。④ lnOE 和 lnRD 偏效应的计算方法同表 4–3。

4.3.2.2 估计结果

首先，分析各解释变量的估计系数。①被解释变量的一阶滞后项的系数均显著为正，说明高质量发展、技术效率、技术进步受到历史水平的影响，具有明显的累进效应。②在控制了内生性之后，企业家精神的回归系数发生了变化，对高质量发展的系数依然为正且不显著，对技术效率的系数依然为负但已不再显著，对技术进步的系数依然显著为正，并且系数值明显增大，从 1.3%~1.6% 增大到 3.6%~4.8%。H1、H2 依然没得到支持，H3 再次得到支持。做一个简单的计算：令企业家精神对技术进步的弹性值取 4%，那么平均而言，企业家精神增加 1‰（每千人就业人口中新增 1 位私营企业投资者），技术进步指数增大 2.1‰，对经济增速的贡献率大约为 1.8%。①③ R&D 强度的系数也发生了变化，对高质量发展的系数依然不显著，对技术效率的系数则从显著为负转为负数但不显著，对技术进步的系数则从显著为正转变为不显著，这说明控制了内生性之后，R&D 活动对三者均不存在显著作用。这与张海洋（2005）、李小平等（2006、2007、2008）得出的 R&D 投资的生产率回报率低下的结论相一致，说明 R&D 的

---

① 计算过程：令弹性值为 4%，OE 平均值处斜率 k=4% × $\frac{\text{TP}}{\text{OE}}$ =4% × $\frac{1.0472}{0.0204}$ ≈ 2.1。样本观测值实际 GDP 增速平均值为 11.6%，所以贡献率为 2.1‰ ÷ 11.6% ≈ 1.8%。

投入结构和使用效率等存在一定的问题[①]。

其次，分析控制变量的估计系数。①FDI比重对高质量发展和技术进步没有明显作用，但显著抑制了技术效率。前者的原因可能是总体上我国人力资本存量不高，还未能越过FDI技术溢出的"门槛"（罗良文和阚大学，2012），也可能是经过长期的对外开放，FDI所拥有的较易扩散的非核心技术的示范效应趋缓，同时转而对核心技术进行封锁（刘舜佳，2008）。后者则是由FDI的负向竞争效应造成的（张海洋，2005），即由于外资部门在国内市场的份额迅速扩大，使得内资部门市场缩小、成本上升，导致效率下降。②外贸依存度对高质量发展的作用不明显，对技术效率和技术进步的作用则出现了分化，这同样也反映了外贸对生产率作用的两面性。一方面，企业进入国际市场后市场需求大大增加，按照"市场规模扩大→社会分工深化→规模效应提升"的传导机制，资源配置得以优化，于是技术效率提高；另一方面，由于我国外贸企业的比较优势集中在技术含量低的非熟练劳动力从事的传统生产部门，因而产生了"锁定效应"（Grossman和Helpman，1991），尤其是中西部地区陷入低技术水平的均衡陷阱（罗良文和阚大学，2012）。③教育程度和产业结构都显著促进了高质量发展和技术进步，且系数值较静态面板估计结果明显增大，对技术效率的作用则依然不显著。④市场化水平的系数值均不显著，这可能是国有经济比重不能全面衡量市场化水平的缘故。

最后，分析各个交叉项的估计系数。第4列中企业家精神与市场化水

---

① 李小平（2007）认为，中国R&D投资的产出回报率和生产率回报率"双低"的初步原因可能有两个：一个是体制原因，由于中国的R&D投资主要集中在大中型工业企业，这些企业基本上是国有企业，在国有企业治理结构不完善的情况下，会存在严重的预算软约束和委托代理问题，即国有企业的R&D投资可能更偏向于能在短期内带来收益而缺乏长期回报的"政绩工程"；另一个原因是R&D投资强度太大，导致投资效率低下。中国大中型工业企业的R&D投资比重远大于美国和日本，过高的R&D投资强度一方面会导致投资回报率递减，另一方面是使投资主体不能有效地利用R&D投资，导致R&D投资效率低下甚至浪费。

平的交叉项系数值为负但不显著，H4 和 H4a 都没有得到支持。第 6 列中企业家精神与 R&D 强度的交叉项系数值依然显著为负，再次表明企业家精神并未促进 R&D 知识溢出，否定了 H5。第 7 列中交叉项系数值为正但不显著，第 8 列中交叉项系数值显著为正，这说明主要是外贸活动增强了本土企业家的技术模仿和学习，支持了 H7。

4.3.3 稳健性检验

对比表 4-3、表 4-4 可知，除了 FDI 比重、外贸依存度对技术进步的估计系数的正负符号不一致外，其余变量估计系数的符号均完全一致，主要结论并未发生改变，H3、H6、H7 得到支持，H1、H2、H4 和 H4a、H5 没有获得支持。为进一步验证实证结论的可靠性，从以下三个方面进行稳健性检验。

（1）在回归过程中逐个放入控制变量，发现变量系数的符号没有变化，而且显著性检验情况一致。

（2）剔除直辖市样本。由于直辖市的政治等级高于其他省份，其经济发展的内在机制可能比一般省份更为复杂，所以包含直辖市的样本可能导致研究结论的偏差。剔除直辖市样本之后的检验结果（见表 4-5 的第 1~3 列）同样支持本书以上结论。本书还分别对东部、中部、西部样本进行了检验，主要结论依然成立。

（3）考虑 2008 年金融危机的冲击。本书对 TFP 及其对经济增长的贡献率的测算结果清晰地反映出 2009 年的"拐点"意义，这一年在全国层面不仅 TFP 从先前的上升通道转入下降通道，而且其对经济增长的贡献率也出现"断崖式"下降（从 34.04% 下降到 21.94%），原因就在于为了应对 2008 年国际金融危机而实施的四万亿投资刺激计划在一定程度上加剧了部分领域的产能过剩。为避免外部冲击可能带来的估计偏差，本书对 2009—2013 年的样本进行了单独检验（见表 4-5 的第 4~6 列），主要结论依然成立。

表 4-5　稳健性检验结果

变量	剔除直辖市样本			2009—2013 年样本		
	高质量发展	技术效率	技术进步	高质量发展	技术效率	技术进步
	（1）	（2）	（3）	（4）	（5）	（6）
企业家精神	−0.0360 （−0.19）	−0.0310 （−0.99）	0.0445** （2.43）	−0.2122 （−0.77）	−0.0381 （−0.53）	0.0629* （1.73）
Sargan 检验	1.0000	0.9999	0.9996	0.5689	0.3102	0.1481
AR（2）	0.2387	0.1158	0.0148	0.2340	0.4907	0.5088
Wald 检验	120.43***	48.66***	611.00***	43.84***	43.84***	235.07***
观察值	336	336	336	135	135	135

注：同表 4-3。限于篇幅，滞后项、控制变量和常数项的系数没有列出。

4.3.4　结果分析

根据回归估计结果，可以得出以下三点结论。

（1）总体而言，企业家精神有利于长期之内的高质量发展。虽然上文估计结果并未支持 H1，但是可以发现企业家精神显著驱动了技术进步，只是由于对技术效率提升的效果不显著才使得它在统计意义上对高质量发展的效果不彰。但是如果考虑到技术效率和技术进步具有相当不同的政策含义——技术效率（水平效应）会随着时间流逝而消失，而技术进步（增长效应）不但不会消失还会维持或增大（Nishimizu 和 Page，1982；李善同和吴延瑞，2002），那么可以认为，长期而言企业家精神驱动了经济增长方式的集约化转变。换句话说，长期而言企业家精神驱动了经济的高质量发展。定量来看，企业家精神增加 1‰（每千人就业人口中新增 1 位私营企业投资者），技术进步指数增大 2.1‰，对经济增速的贡献率大约为 1.8%。

（2）企业家精神重视"硬"技术超越，忽视"软"技术创新。借鉴钟永隆和姜一心（1993）的提法，把技术效率看作"软"技术创新（与管理、制度、政策优化等有关），把技术进步看作"硬"技术创新（与生产工艺、中间投入品、制造技能改进有关），由回归结果可知，企业家精神只驱动了"硬"技术创新。这反映出现阶段我国企业家普遍存在一种"赶超"思想，即更倾向于通过引进新、尖技术的方式实现技术超越（夏良科，2010），却对管理、思想、制度等"软"技术创新的关注不足（李小平等，2008）。

（3）企业家精神对技术进步的推动作用来自开放经济的外部性，而非自主创新。从表4-3和表4-4第6~8列的交叉项系数可知，企业家精神并没有促进R&D知识溢出，主要是外资外贸活动增强了本土企业家的技术模仿和学习。原因在于：一是自行开发尖端技术不仅投入大而且失败率高，而购买技术设备的成本要低得多（易纲等，2003），因此从现阶段国情出发，国际贸易和FDI是提升技术水平的主要手段，而不是以既耗时又耗成本的自主创新为主[①]（林毅夫和任若恩，2007）；二是产学研合作机制尚不健全，存在严重的知识的制度过滤和市场过滤（李华晶，2010）；三是转型背景下的法律法规不健全，特别是知识产权保护不足，使得机会主义行为加剧，企业的创新创业活动倾向于选择基于短期利益的目标战略（Tang和Hull，2012）。

4.4 本章小结

针对本书的研究问题1"企业家精神是否以及如何驱动高质量发展"，本章引入奥地利学派的市场过程范式，结合信息不对称和知识溢出创业理论，构建了影响机制的理论假说：知识分散性带来了市场不均衡和利润机

[①] 目前学术界在有关技术进步的讨论中对改革开放以来中国技术进步的性质基本上有一个共识，即它很大程度上是引进外资和西方先进技术的结果，我国具有自主知识产权的技术进步成分不是很多（涂正革和肖耿，2005）。

会，警觉的企业家发现机会并"通过计划的对抗"加以利用，促进了不同市场主体之间的计划协调和相互学习，化解了知识分散性问题，推动市场在现有生产前沿面内趋向均衡或迈向更高水平的均衡，如此循环往复，技术效率和技术进步得以螺旋上升，从而驱动经济增长方式的集约化转变，即驱动经济的高质量发展。

  对此，实证结果也基本予以了支持。静态和动态面板回归结果都表明，企业家精神显著驱动了技术进步，虽然在统计意义上对技术效率和高质量发展的正向作用并不显著，但是考虑到技术效率会随着时间流逝而消失，而技术进步会维持或增大，可以认为企业家精神驱动了长期之内的高质量发展。此外，实证结果也指出了现阶段企业家精神的不足之处：一是企业家普遍存在一种"赶超"思想，即更倾向于通过引进新、尖技术的方式实现技术超越，对管理、思想、制度等"软"技术创新关注不足；二是企业家精神对技术进步的推动作用主要来自开放经济的外部性，而非自主创新。

5 企业家精神视角下政府规模扩张的有效性

本章旨在引出和回答研究问题2,即"政府规模扩张激发还是抑制了企业家精神?"上一章发现,企业家精神驱动了长期之内的高质量发展。由于企业家精神不是一个给定的存量,所以一个现实的政策问题就是:在怎样的环境下,企业家精神才能得以产生和成长?众多研究都将结论指向了制度环境的影响[①]。考虑到政府因素对我国制度环境的影响居于主导地位,而在区域层面,地方政府位居经济的枢纽地位[②](周黎安,2018),政府规模又是政府在经济活动中所发挥作用的一种宏观衡量,所以本章提出以企业家精神最大化作为政府规模扩张有效性的评价标准,通过实证研究我国地方政府规模对企业家精神的影响机制,对研究问题2做出回答。

5.1 政府规模的自我扩张与有效性评价

5.1.1 政府规模的自我扩张倾向

学术界很早就指出了现代社会的政府规模具有自我扩张的倾向。最早在19世纪80年代,德国著名经济学家瓦格纳通过对欧美等许多国家公共财政支出数据的长期观察发现,当国民收入增长时,财政支出会以更

---

① 例如,柯兹纳(Kirzner,1979)认为自由开放的制度框架对鼓励企业家的发现和创新是极端重要的;Carree和Thurik(2004)比较了三种经济体制(市场经济、半市场经济、计划经济)与企业家精神的关系,证明了经济越自由,企业家精神越旺盛;刘志铭和李晓迎(2008)指出在考察经济增长的终极诱因时,可以排除诸如技术可得性、人口水平、移民、人力资本等因素,而集中考察制度环境对于企业家精神的影响。

② 周黎安(2018)认为,地方政府作为辖区内的权力中心,是资源掌控者和规则制定者,对辖区内企业、产业发展和经济增长具有重要影响力。

大的比例增长，这就是著名的"瓦格纳法则"。进入20世纪，为了应对各种经济和金融危机[①]，世界各国加大了在公共领域的宏观调控力度，增加了干预经济的公共支出规模，政府规模的不断扩张已成为一种全球趋势（Gwartney等，1998；Mueller，2003）。对此，学者们给出的普遍解释是，随着经济社会的不断发展，市场关系的复杂化程度呈几何级增长，相应地，司法、治安、教育、城市管理等公共服务需求快速膨胀，驱动公共财政支出持续扩张，形成了政府规模的自我扩张倾向。

"瓦格纳法则"同样适用于改革开放之后的中国（Tobin，2005）。研究表明，我国政府规模的新一轮扩张源自1994年的分税制改革，且历经1998年为启动内需、2008年为应对国际金融危机而实施的两轮积极财政政策，以财政支出占GDP比重度量的政府规模相对于GDP具有更快的增长（范子英和张军，2010）。即使从人员的角度看，截至2009年底，除去中央部门，有公务员编制或事业编制的"体制内"地方财政供养人员总数约5392.6万人[②]，该数字接近英国总人口规模。未来，随着城镇化进程的加速，中国将兴起庞大的中产阶层，他们对良好的基础设施、优质的公共服务、稳定可预期的福利保障的需求和渴望，将呈现前所未有的高涨趋势（樊鹏，2015），这可能进一步推动政府规模扩张。当然，政府规模不能无限制地扩张，所以对任何一个国家和地区来说，公共财政的核心问题都是追求一个合理有效的政府规模（唐小飞等，2011）。

5.1.2 政府规模扩张有效性的评价标准

如何评价政府规模扩张的有效性，或者说，如何评价积极财政政策的宏观效应？在以往的研究中，多数学者关注政府规模扩张的"适度性"，

[①] 包括：20世纪30年代的经济大萧条、70年代的石油危机、80年代的日本经济泡沫破裂、90年代末的东南亚金融危机，以及2008—2009年的次贷危机、欧债危机等。

[②] 数据来自财政部2012年公布的《2009年地方财政统计资料》。

5 企业家精神视角下政府规模扩张的有效性

并习惯以经济增长最大化作为评价标准。与之相比，本章的评价标准有以下两点变化。

（1）关注政府规模扩张的"有效性"而非"适度性"。国外研究文献发现，政府规模和经济增长之间存在着由正相关向负相关转换的倒 U 形关系（Armey 曲线），即政府规模较小时，公共支出的扩张直接增加了经济产出，扩大了公共产品和服务供给，有效缓解了各种市场失灵，有助于地区经济发展；当政府规模扩张超过一定界限时，公共支出的挤出效应和拥挤效应变得显著，将妨碍地区经济发展。[①] 所以，政府规模的扩张行为存在一个"适可而止"的临界值，这得到了国外大多数实证研究的支持。但是，针对中国的实证研究发现，我国的适度政府规模约为 25%[②]（Karras，1996；马拴友，2000；马树才和孙长清，2005；Chen 和 Lee，2005；杨子晖，2011），而我国 2014 年政府规模仅为 13.5%，与 25% 的临界值仍有较大差距，各地方（除北京外）的历年政府规模也远低于该临界值。

因此，在我国政府规模偏小、公共产品和服务供给严重不足[③]的情况下，讨论政府规模扩张的"适度性"并不符合当前的实际情况。因此，本章关注政府规模扩张的"有效性"，认为只要当前的政府规模扩张行为有利于经济发展这一核心目标，它便是有效的。

（2）追求"企业家精神"的最大化而非"经济增长"的最大化。追求

[①] 具体说明详见第 2 章的"政府规模与经济增长"一节。

[②] 这里的政府规模以政府消费占 GDP 的比重来衡量。Karras（1996）的实证结果显示，亚洲（包括中国）的适度政府规模为 25%；马拴友（2000）利用 1979—1998 年数据的实证结果显示，中国的适度政府规模为 26.7%；马树才和孙长清（2005）利用 1979—2000 年数据的实证结果显示，中国的适度政府规模为 24%；Chen 和 Lee（2005）利用中国台湾数据的实证结果显示，中国台湾的适度政府规模为 22.8%；杨子晖（2011）利用 1990—2005 年跨国数据的实证结果显示，我国的适度政府规模为 20.5%。

[③] 2015 年初，李克强总理曾经指出，目前中国公共设施的存量仅为西欧国家的 38%、北美国家的 23%，服务业水平比同等发展中国家还要低 10 个百分点。

经济增长最大化，意味着沿袭"唯 GDP 论英雄"的政绩观，以 GDP 总量或增速最大化作为公共财政决策的优先目标，并以此评价积极财政政策的宏观效应，即只要 GDP 增长或增速最大化，政府规模扩张便是有效的，反之则是无效的。但是，公共财政决策的优先目标在不同阶段是变化的，从世界经济史来看，高速经济增长只是特定发展阶段的一种赶超现象。如果认识到当前我国经济增速下行的长期趋势、增长方式转变的紧迫压力，那么以经济增长最大化作为政府规模的评价标准是否科学、是否仍然适用，便值得商榷。

在高质量发展阶段，一方面，增长质量最优化才是政府决策的优先目标，因为一味追求高增长不仅有悖于经济发展规律，也必然损害未来的增长潜力；另一方面，政府职能转变的一个关键点就是从发展经济的"运动员"角色退居到塑造市场环境的"裁判员"角色，让市场在资源配置中发挥决定性作用，让市场经济的主体——企业和企业家真正成为熊彼特意义上的"经济增长的国王"。上一章的研究工作也证实了企业家精神对经济增长质量优化、增长方式转变的驱动意义。

综上，本书认为，以企业家精神最大化作为当前我国政府规模扩张有效性的评价标准更具政策合理性，有助于正确评价财政政策的宏观效应。本章将采纳这个新的评价标准，借由政府规模扩张对企业家精神的影响机制研究给出评价结果。

5.2 政府规模扩张对企业家精神的影响机制

5.2.1 理论机制分析

根据国外学者的相关研究，同时联系第 2 章中政府规模与经济增长的非线性影响关系，可以认为政府规模扩张对企业家精神具有复杂的影响机

5 企业家精神视角下政府规模扩张的有效性

制。以公共财政为衡量尺度,政府规模的扩张带来了四个直接变化,即增加公共产品与服务、提高社会保障水平、控制更多经济资源、加重企业税费负担,它们对企业家精神产生了多种正向影响与负向影响。

正向影响表现在:①政府规模的扩张提高了公共服务的供给水平,诸如教育、医疗、卫生等公共服务将显著提升人力资本水平,这有利于增加企业家的产生概率(Sørensen,2007)。②公共服务中的提供法律服务、完善金融体系、发展资本市场、维护竞争秩序、保护私有产权等,能有效地改善私人投资的外部环境,便利企业家的创业活动。③更高的社会保障和福利水平使得人们具有更稳定的投资意愿,从而在创业活动中投入更多的资金(Galbraith,2006)。④政府掌握大量的经济资源会给私人经济部门带来更大的压力,迫使其投入创业活动以获取更高的生产效率,同时挤出那些资质平平的企业家,留下那些最有前途的企业家或创业点子(Bjørnskov和Foss,2010)。

负向影响表现在:①随着政府规模的扩张,政府倾向于在某些基础性行业掌控更多的经济资源,形成一定的垄断地位,这将妨碍信息、资金、人员等市场要素的自由流动,严重破坏这些行业的价格机制(Mises,1949),使企业家丧失套利机会。②政府规模的扩张将提高最低收入保障水平,以高福利国家为典型,它将直接削弱生存型创业动机(Henrekson,2005),显著降低企业家的潜在供给水平。③政府规模的不断扩张将导致地方政府融资需求的增加,加重个人和企业的税负及税外负担(不合理收费、摊派等),个人将通过"多休息、少工作"的方式消极应对(杨子晖,2011),潜在企业家的创业热情受到打击。④政府规模扩张还在一定程度上抑制了个人财富积累(Henrekson,2005),这一方面造成社会资本不足、企业融资面变窄,另一方面造成企业家在初创期的领投能力不足、所占股份偏少，由于外部投资者往往根据企业家领投份额判断其风险承诺的大小，这就削弱了"领投－跟投"信号效应（Bjørnskov 和 Foss，2010），从而削弱企业的外部融资能力。⑤"政府干预的累积性质"会导致政府机构的不断膨胀和低效（罗斯巴德，2007），出现官僚主义、权力寻租甚至"最小的官也比最大的企业家神气"现象，造成企业家才能从生产性活动向非生产性活动配置（Baumol，1990），破坏该地区的企业家精神发育机制。

为了更直观地显示这种复杂的影响机制，绘图如图 5-1 所示。

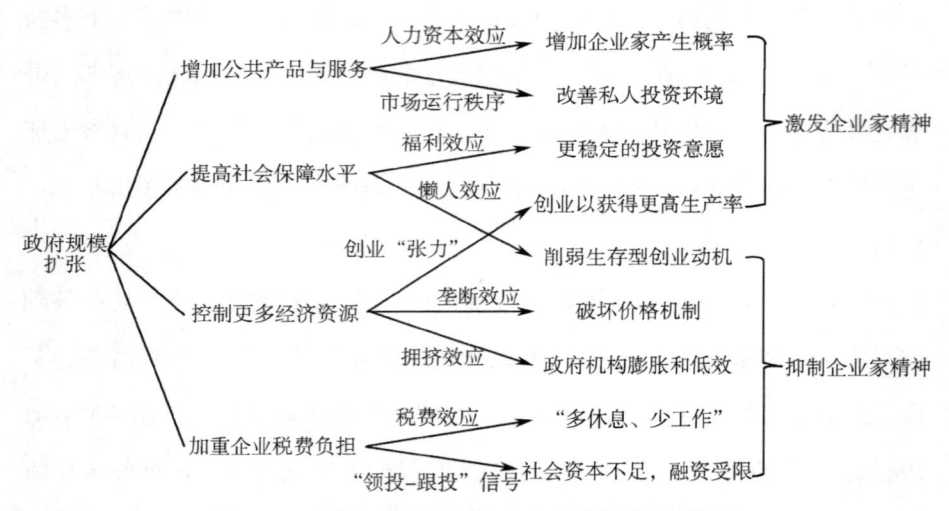

图 5-1 政府规模扩张影响企业家精神的理论机制

5.2.2 实际效应假设

以上根据国际经验，推演了政府规模扩张影响企业家精神的理论机制。在正向、负向影响共存的情况下，实际效应（或者说净效应）便取决于正、负效应的权衡。举个例子，如果地方政府规模扩张所带来的四个直接变化中，增加公共产品与服务所产生的正效应最为显著，实际效应便为正，即地方政府规模扩张激励了企业家精神。所以，接下来的工作便是结合我国地方政府的行为模式和政策变迁的时代环境，分析正、负效应的此消或彼长，进而对实际效应做出判断和假设，留待下一步的实证检验。

在分析实际效应之前，首先区分企业家精神的两种不同类型——生存型企业家精神（Necessity Entrepreneurship）和机会型企业家精神（Opportunity Entrepreneurship），已有大量研究指出二者的创业动机、影响因素以及所需的政策支持都有很大的差别[①]。因此，有理由认为政府规模扩张对它们的影响效应有很大差别，如果不加区分而进行笼统分析，不仅将影响研究结论的准确性，也将在政策实施中缺乏有效的分类指导意义。越来越多的国内研究文献对这两种企业家精神进行了区分，如《全球创业观察2003中国及全球报告》指出，中国大量存在着规模小、进出频繁、以"个体户"形式为主的生存型创业；卢成镐（2012）、齐玮娜和张耀辉（2014）则认为，中国私营企业主要是个人或团队通过开发市场机会而创业的结果，具有较强的机会型创业特征。显然，私营企业的进入门槛、经营风险、能力要求都高于个体工商户，可以反映创业层次的差别。虽然有观点认为雇工规模相对较小的个体工商户不属于企业家，但从资源集成、风险承担的角度而言，他们同样承担了企业家职能（张亮亮，2010）。借鉴这种区分办法，本章以个体工商户代表生存型企业家，以私营企业投资者代表机会型企业家。

接下来，重点考虑我国地方政府的"企业家型政府"特殊性（Zhang，1996；Stiglitz等，2000；张汉，2014）以及经济转型期特征，对实际影响效应做出进一步分析，并提出研究假设。

（1）政府规模扩张对总体企业家精神的影响效应。本书认为正效应受到"企业家型政府"的刺激而增大。所谓"企业家型政府"或"地方政府

[①] 关于生存型和机会型企业家精神的内涵与差别，详见第2章"企业家精神的内涵与分类"一节。

企业家精神"(Local State Entrepreneurship),是指地方政府在促进地方经济发展的过程中所表现出的"营利取向、对市场机制的敏感性、担当风险的准备以及高度的理性和效率"①(Zhang,1996)。特别是我国财政包干制度的改革以及地方官员经济业绩考核标准的推行,使得地方官员的政治前途与当地企业的兴衰紧密联系在一起(周黎安,2004),地方政府的利益和企业家精神发展趋于一致;同时,由于我国市场经济仍不够完善,地方政府还通过建立各类开发区和大规模招商引资来增强企业家精神,尽管政府干预色彩浓厚,但也不失为当地企业家精神缺乏条件下的一种外部"引进"手段(张晔,2005)。但是,这些做法也不可避免地带来了负效应,政府规模的扩张加重了企业的税费负担,同时随着政府干预的加深,企业家还必须花更多的时间、精力与政府部门打交道,以获得政府部门的支持,这可能造成企业家才能更多地配置到非生产性甚至破坏性活动中。净效应取决于二者的权衡:当政府规模较小时,政府对公共产品和服务的投入能力不足,政府公共职能的发挥在较大程度上依赖于政府的融资能力,直接导致企业的税费负担较重,因此政府规模会抑制企业家精神。随着政府规模达到一定的门槛值后,一方面,地方政府对教育、卫生等公共产品和服务的投入达到一定规模,人力资源优化和投资环境改善的正面效应开始凸显;另一方面,地方政府控制的经济资源更多,追求"企业家型政府"的动机更为强烈,会积极采取措施鼓励企业家从事创业活动,此时政府规模扩张将促进企业家精神。因此,提出假设1。

H1:政府规模和企业家精神存在U形关系。

(2)政府规模扩张对生存型企业家精神的影响效应。重点关注正、负

---

① 张云秋(Zhang,1996)认为,在毛泽东时代建立起来的国家机器在地方经济管理方面具有丰富的经验,这成为改革时期形成地方政府企业家精神的制度原因。然而,他也认为地方政府企业家精神只是改革初期的一种过渡性现象,最终会为私营部门的企业家精神所替代。

效应的消长方向，具体如下。①作为生存型企业家的代表，个体工商户多为"自我雇佣"，具有规模小、数量多、资源集成度低等特点。由于对经济发展的作用相对有限，个体工商户受到的政策关注不足，较少受益于政府公共服务的溢出效应，故正效应减弱。② 20 世纪 90 年代末以来的政策偏移进一步抑制了个体工商户的发展（张亮亮，2010），包括：政策重心从农村转向城市，出于城市建设和形象维护的需要，清理无证经营，城管执法管制日趋严厉，个体工商户的经营空间缩小；随着城镇化的推进，房屋与场地费用等商务成本急剧上升，抬高进入门槛；对非正规金融的限制极大地制约了个体工商户通过民间金融获取创业资金的能力。这些因素都放大了政府规模扩张对生存型创业的负效应。《中国工商行政管理年鉴》的统计数据显示，我国个体工商户总数在 1999 年达到峰值之后，经历了长达 6 年的连续大幅下滑，之后才开始缓慢回升，这便是佐证。③在正效应减弱、负效应放大的此消彼长格局下，净效应为负。因此，提出假设 2。

H2：政府规模的扩张抑制了生存型创业。

（3）政府规模扩张对机会型企业家精神的影响效应。作为机会型企业家的代表，私营企业投资者所从事的创业活动进入门槛更高，潜在收益更可观，所面临的风险也更大。当地方政府提供的社会保障增加时，机会型创业者的"后顾之忧"将降低，从而更加有动力从事创业。另外，相比个体工商户，私营企业是一种更大范围、更高层面的资源集成，对区域人力资本、法律环境、市场中介等要素的发育水平要求更高，因而明显受益于公共服务的溢出效应[①]。由此可以推断：当政府规模较小时，由于公共服务

---

① 这里的溢出效应是指政府通过公共财政支出提供大量具有正外部效应的公共物品和公共服务（如交通、能源、通信等基础设施），健全法律法规、资本市场、产权保护、教育科研等软件条件，协调个人利益与社会利益的冲突，限制或消除垄断，完善经济运行的内外部环境（高彦彦等，2011）。

不到位，溢出效应不明显，此时政府规模扩张加重了企业的税费负担，削弱了机会型企业家精神；由于公共服务溢出效应的发挥需要以一定的公共服务存量做基础，且具有边际递增性，所以当政府规模达到一定门槛值后，政府规模和机会型企业家精神之间关系的走势将从下降通道步入上升通道，即呈现 U 形关系。因此，提出假设 3。

H3：政府规模扩张和机会型企业家精神存在 U 形关系。

5.3 研究设计

5.3.1 模型设定和参数说明

考虑到各地方发展情况差异带来的数据异方差问题，对指标取对数之后建立回归方程：

$$\ln Y_{i,t} = \alpha + \beta_1 \ln Gov_{i,t} + \beta_2 (\ln Gov_{i,t})^2 + \sum_{j=1}^{n} \beta_j X_{i,j,t} + u_i + v_t + \varepsilon_{i,t} \quad (5-1)$$

式中，i 和 t 分别表示省（区、市）和年度；Y 包含了企业家精神（E）、生存型企业家精神（NE）、机会型企业家精神（OE）；Gov 表示政府规模，其对数的二次项用来检验非线性关系；X 是一组控制变量；u_i 表示个体效应，用来捕捉地理、气候、文化等因素造成的地区异质性影响；v_t 表示时间效应，用来捕捉政策变化、金融危机、油价上涨等年份因素造成的共同冲击；$\varepsilon_{i,t}$ 表示随机扰动项。

此外，考虑到企业家精神是一个动态发展的过程，具有"自我繁殖"趋势，即存在路径依赖特征，所以按照 Wooldridge（2012）的建议，将滞后因变量引入回归方程，构建动态面板模型。需要指出的是，由于一个地区的企业家精神变化非常缓慢，且各因素对企业家精神的影响是一种长期作用，因此加入滞后因变量后，解释变量和控制变量对企业家精神当期差异的影响已经部分体现在对其历史条件的影响中。为此，因变量的滞后期不宜太近，否则两期之间的因变量相关系数过大，导致无法发现其他变量对因变量的影响（汪德华等，2007）。本章将滞后期设定为6年（1998—1992年），原因为：一是中国第二代企业家自1992年开始出现，这为我们提供了一个较好的存量观测点；二是企业家精神衡量指标数据在1992年之前缺失很多。于是有以下回归模型：

$$\ln Y_{i,t}= \alpha + \lambda \ln Y_{i,t-6}+ \beta_1 \ln Gov_{i,t}+ \beta_2 (\ln Gov_{i,t})^2 + \sum_{j=1}^{n} \beta_j X_{i,j,t}+u_i+v_t+\varepsilon_{i,t} \quad (5-2)$$

5.3.2 指标选取和变量定义

（1）被解释变量。按照国内实证文献（李宏彬等，2009；张亮亮，2010；袁红林和蒋含明，2013）的常用指标，本章选取个体私营业户（私营企业+个体工商户）雇佣人数占就业人口的比重衡量企业家精神（E）。同时，选取个体工商户数占就业人口的比重衡量生存型企业家精神（NE），选取私营企业投资者人数占就业人口的比重衡量机会型企业家精神（OE）。前者为"自我雇佣"，是劳动力市场上缺少就业机会的弱势群体避免失业和实现就业的重要途径；后者为"自我当老板"，主要目的是寻求商业机会和实现个人价值。越来越多的国内文献采纳了这种分类，认为中国大量存在着规模小、进出频繁、以"个体户"形式为主的生存型创业，而中国私营企业则主要是个人或团队通过开发市场机会而创业的结果，具有较强的机会型创业特征。

（2）核心解释变量。根据第1章"核心概念的界定"，本书以公共财政支出为尺度来衡量政府规模。公共财政支出包括政府消费、公共投资和转移支付，研究发现公共投资对经济增长具有确定的、积极的贡献，影响作用的关键在于政府消费（马拴友，2000）。因此，与大多数代表性研究（Sheehey，1993；Karras，1996；Chen和Lee，2005；杨子晖，2011）相一致，本章以政府消费支出占GDP的比重来衡量政府规模（Gov），其中政府消费是指政府部门为全社会提供公共服务的消费支出和免费或以较低的价格向居民住户提供货物和服务的净支出。

（3）控制变量。已有研究表明，经济环境、社会环境、地理条件等因素都会影响我国的企业家精神。本章考虑的经济环境因素有：①人均GDP（gdppc），用于控制各省（区、市）的经济发展水平；②借鉴King和Levine（1993）采用的金融深度（finance）指标，以金融机构贷款余额占GDP的比重表示金融支持的力度；③外贸依存度（trade），其为进出口总额占GDP的比重，反映对外开放程度；④有研究认为失业是创业的催化剂（Highfield和Smiley，1987），相反也有研究认为失业会减少企业家数量（Audretsch和Fritsch，1994），所以本章控制失业率（unemploy）水平，其为城镇失业人口占就业人口的比重；⑤国有经济比重（soe），考察国有经济是否会挤出私人创业活动。

社会环境因素有：⑥人口密度（population）和⑦性别比例（sex）用于控制人口统计学特征的影响；⑧教育程度也会影响创业活动，有观点认为教育程度高的人群拥有更多的创业技能，因而更可能成为企业家，也有观点指出创业精神的本质是冒险，教育程度高的人群更有机会获取稳定的工作，因而抑制了创业动机（Berkowitz和DeJong，2005），故采用就业人口中高中及以上文化水平占比（education）来控制教育程度[①]。

地理条件因素有：⑨公路密度（road），反映基础设施水平；⑩要素禀赋的差异也会对企业家创业行为产生影响，有观点认为丰富的自然资源是企业家创业成功的最关键因素（Van Klink和De Langen，2001），也有实证指出要素禀赋在一定程度上对我国的中小企业创业具有负面作用（胡援成和肖德勇，2007），即存在"资源诅咒"效应，故借鉴徐康宁和王剑（2006）的做法，采

---

① 教育程度的常用衡量指标是高校就读学生人数占总人口的比重，但是胡援成和肖德勇（2007）指出，由于高校毕业生的自由流动，该指标在国内并不具备有效性。

用采掘业固定资产投资占全社会固定资产投资的比例来衡量自然资源的综合禀赋状况（resource）；⑪也有研究表明沿海的较佳地理位置对创业精神有正面作用（King 和 Levine，1993），故沿海（sea）作为一个虚拟变量进入模型。

5.3.3 数据说明和描述统计

衔接前几章的实证分析，本章的实证数据为 1998—2013 年我国 30 个省（区、市，不含西藏）①的面板数据。依据动态面板将滞后期设定为 6 年的需求，被解释变量的观察值上溯至 1992 年。数据来源为各省（区、市）统计年鉴以及 EPS 全球统计数据与分析平台的中国宏观经济数据库、劳动经济数据库、固定资产投资数据库等。各变量的描述性统计结果如表 5-1 所示。

表 5-1　变量的描述性统计结果

变量	符号	计算公式	观察值	平均值	标准差	最小值	最大值
企业家精神	E	个体私营业户雇佣人数/就业人口	655	0.1797	0.1069	0.0393	0.6875
生存型企业家精神	NE	个体工商户数/就业人口	655	0.0837	0.0344	0.0269	0.2064
机会型企业家精神	OE	私营企业投资者人数/就业人口	568	0.0192	0.0215	0.0013	0.1547
政府规模	Gov	政府消费支出/GDP	480	0.1472	0.0382	0.0821	0.2971
人均GDP	gdppc	人均GDP（万元）	480	2.1844	1.8653	0.2364	9.9607
金融深度	finance	金融机构贷款余额/GDP	480	1.0655	0.3322	0.5400	2.5600
外贸依存度	trade	进出口总额/GDP	480	0.3174	0.4043	0.0316	1.7215

---

① 在第 3~4 章的实证研究中，由于涉及全要素生产率指标，于是根据变量构造的数据可得性，剔除了西藏、海南、四川、重庆（具体原因见第 3 章说明），故样本有 27 个省（区、市）。本章实证研究不涉及全要素生产率指标，于是保留了海南、四川、重庆，故样本有 30 个省（区、市）。

续表

变量	符号	计算公式	观察值	平均值	标准差	最小值	最大值
失业率	unemploy	城镇失业人口/就业人口	480	0.0356	0.0081	0.0100	0.0700
国有经济比重	soe	国有工业总产值/规模以上工业企业总产值	480	0.4965	0.2138	0.1057	1.3793
人口密度	population	常住人口/土地面积（万人/平方千米）	480	0.0397	0.0519	0.0007	0.3809
性别比例	sex	就业人口的性别比例（女=1）	480	1.2261	0.1218	0.9700	1.7600
教育程度	education	就业人口中高中及以上文化水平占比	480	0.2431	0.1165	0.0650	0.7613
公路密度	road	等级公路里程/土地面积（千米/平方千米）	480	0.5011	0.4008	0.0182	1.9926
要素禀赋	resource	采掘业固定资产投资/全社会固定资产投资	480	0.0449	0.0474	0.0001	0.2458
沿海	sea	沿海为1，其他为0	480	0.3667	0.4824	0	1

注：因动态面板的需要和数据可得性的限制，E、NE 的观察期为 1992—2013 年，OE 的观察期为 1995—2013 年，其中重庆无 1992—1996 年的数据。其他变量的观察期均为 1998—2013 年，观察值均为 480 个。

5.3.4 特征事实

采用 Stata 软件进行数据分析和图形绘制。从全国层面来看，地方政府规模与企业家精神之间存在 U 形关系（见图 5-2），说明当政府规模较小时，其扩张不利于企业家精神成长，而当政府规模超过一定界限时，其扩张有利于激发企业家精神，这初步支持了 H1 的 U 形关系假设。

从省（区、市）层面来分析，政府规模的标准差为 0.0382（见表 5-1），说明不同省（区、市）、不同时期的政府规模存在明显的差异，因而对企业家精神的作用可能并不相同。张光（2008）研究发现，在腾冲线以东地区，北方的政府规模显著大于南方，原因在于：第一，计划经济时代中央

5 企业家精神视角下政府规模扩张的有效性

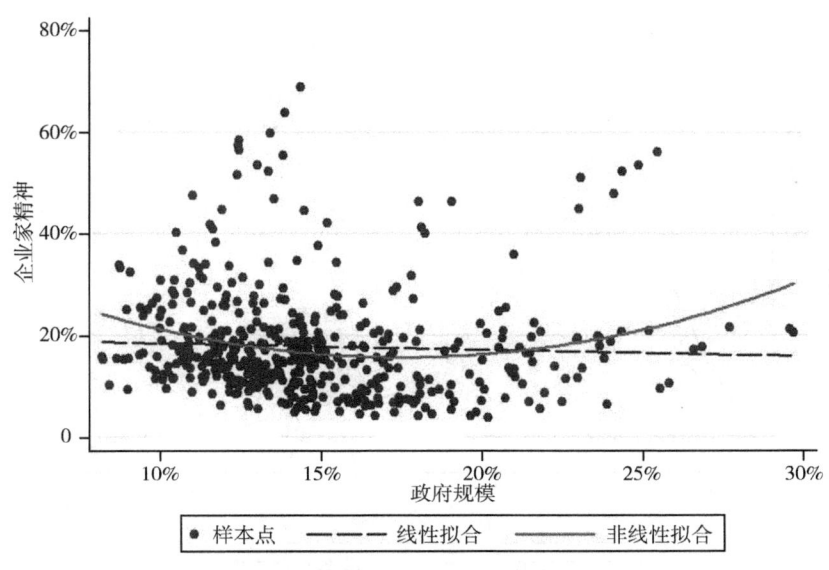

图 5-2 政府规模与企业家精神的散点与拟合图

计划投资的重点地区大多位于北方，南方的计划传统较少；第二，在行政区划人口规模上，南方明显大于北方，施政的单位成本因规模经济改进而递减。在本书中，南方包括上海、江苏、浙江、安徽、福建、江西、湖北、湖南、广东、广西、海南、重庆、四川、贵州、云南，北方包括北京、天津、河北、山西、内蒙古、辽宁、吉林、黑龙江、山东、河南、陕西、甘肃、青海、宁夏、新疆。本书的统计结果同样发现北方的政府规模普遍大于南方，且组内样本政府规模大小的趋同性更高（见图5-3）。图5-4显示：在北方，以北京、黑龙江为例，政府规模与企业家精神呈显著的U形关系，其中黑龙江的U形关系更为完整，而北京由于政府规模较大，以U形关系的后半段即正向效应为主；而在南方，以福建、湖南为例，政府规模对企业家精神呈显著的单调抑制效应。

图 5-3　全国、南方、北方样本的政府规模分布

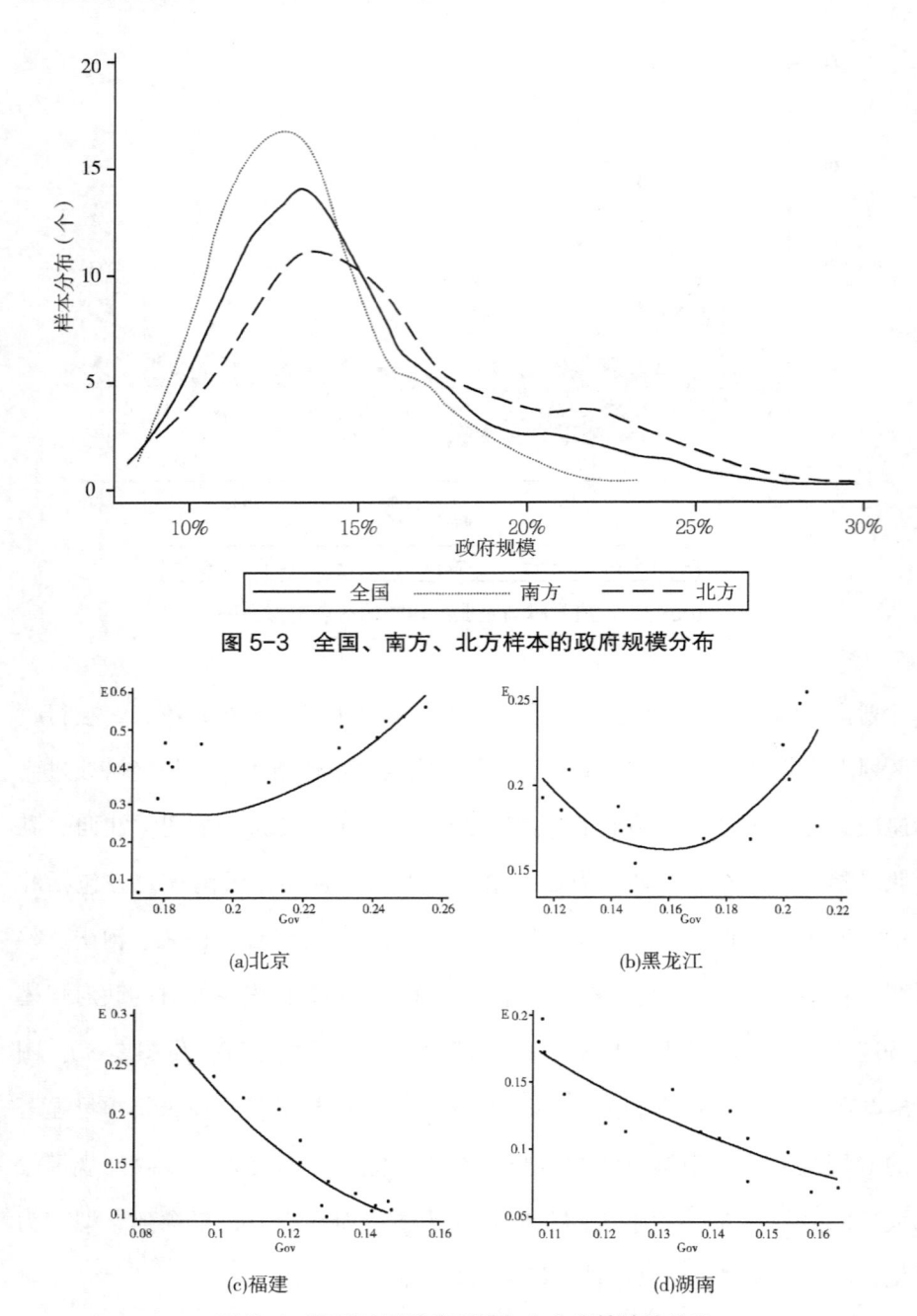

图 5-4　不同地区政府规模与企业家精神的关系

5.4 实证结果分析

首先估计政府规模对企业家精神的总体影响，再区分生存型、机会型企业家精神进行分类估计。两个估计过程采取相同的步骤：先对模型（5-1）进行静态面板估计，由于模型中存在不随时间变化的虚拟变量 sea，故采用随机效应模型（RE）；再引入因变量的滞后项，对模型（5-2）进行动态面板估计。此外，由于南北方在计划传统和行政区划人口规模上存在差异，导致政府规模组内趋同而组间差异较大，所以有必要划分南方、北方样本，对模型（5-2）进行回归，作为稳健性检验的一个参考[①]。

5.4.1 政府规模与企业家精神

政府规模对企业家精神的影响效应估计结果如表 5-2 所示。其中，第 1~4 列是全国样本的回归结果，在不考虑政府规模二次项的情况下，政府规模的系数显著为负；但是加入二次项后，一次项和二次项均显著为正，这揭示出政府规模与企业家精神存在 U 形关系，支持了 H1，也与图 5-2 的拟合结果相一致。第 5~8 列是以南方、北方为划分的稳健性检验。在南方的估计结果中，第 6 列加入政府规模的二次项后，一次项系数依然显著为负，二次项系数并不显著，说明政府规模扩张抑制了企业家精神。在北方的估计结果中，第 8 列加入政府规模的二次项后，二次项系数显著为正，且数值和显著性均高于第 4 列，说明政府规模与企业家精神之间存在 U 形关系，而且北方样本比全国样本更显著、更陡峭。这与图 5-3 的拟合结果相一致。南方与北方的回归结果不一致，不仅没

---

① 不选择常见的东中西部划分方法的另一个原因是回归模型中已有沿海变量（sea），与东中西部划分高度相关。

有否定反而证明全国样本回归结果具有稳健性。这是因为：南方的政府规模普遍偏小①，对企业家精神的影响效应仍居于 U 形曲线左侧区间；而北方的政府规模普遍偏大，U 形关系表现较为完整，特别是对于北京而言，由于观察期内政府规模一直很大，影响效应主要居于 U 形曲线右侧区间。

在控制变量方面，人均 GDP、金融深度、外贸依存度、沿海的系数显著为正，这说明经济发展水平、金融支持、对外开放等因素对企业家创业有积极影响。其他变量的效应并不显著，其中：失业率可能因其统计数据的失真，未能体现应有的作用；国有经济比重的影响也不显著，说明国有经济比重高并不必然抑制该地区的创业活动；人口结构和要素禀赋的相关因素普遍不显著，可能的解释是，由于交通和通信日益发达，人口和资源的跨区域流动障碍大幅减少，全国范围的自由流动促进了要素价格均等化，从而对企业家精神不至于产生显著影响。但是，要素禀赋不足虽然不再制约创业活动，禀赋过剩却可能存在"资源诅咒"效应，如南方的要素禀赋系数显著为负，就在一定程度上支持了胡援成和肖德勇（2007）的发现。

因变量的滞后项显著为正，支持了企业家精神具有"自我繁殖"趋势的观点。此外，各列 R^2 和 χ^2 值都显示模型具有良好的拟合优度。

表 5-2　政府规模对企业家精神（E）的影响效应估计结果

解释变量	全国				南方		北方	
	（1）	（2）	（3）	（4）	（5）	（6）	（7）	（8）
$\ln E_{i-6}$			0.1778*** (4.55)	0.1722*** (4.42)	0.2757*** (5.71)	0.2567*** (5.17)	0.1366** (2.10)	0.2094*** (3.42)

---

① 根据模型（4）测算出 U 形曲线的拐点所对应的门槛值约为 19%（具体计算方法是回归方程对 lnGov 求导，计算一阶导数为 0 时的政府规模值），而大多数南方样本的政府规模低于这个值。

续表

解释变量	全国				南方		北方	
	（1）	（2）	（3）	（4）	（5）	（6）	（7）	（8）
lnGov	−0.1439*	1.3559**	−0.2300***	1.3673**	−0.2307**	−2.0490*	−0.2323*	3.3096***
	(−1.70)	(2.04)	(−2.78)	(2.05)	(−2.30)	(−1.78)	(−1.83)	(3.31)
(lnGov)²		0.3850**		0.4094**		−0.4550		0.9551***
		(2.27)		(2.40)		(−1.58)		(3.67)
lngdppc	0.3398***	0.3456***	0.3477***	0.3468***	0.5489***	0.5379***	0.4168***	0.5219***
	(4.31)	(4.39)	(4.71)	(4.69)	(6.21)	(6.09)	(3.20)	(4.47)
lnunemploy	0.0054	0.0200	0.0621	0.0764	−0.1694*	−0.1739*	0.0592	0.1962**
	(0.08)	(0.29)	(0.95)	(1.16)	(−1.80)	(−1.85)	(0.58)	(2.18)
lnfinance	0.4301***	0.4389***	0.3632***	0.3667***	0.1980***	0.2094***	0.4555***	0.2157*
	(5.55)	(5.67)	(5.14)	(5.17)	(2.69)	(2.84)	(3.29)	(1.92)
lntrade	0.1088***	0.1009***	0.0892***	0.0831**	−0.0509	−0.0479	0.0927*	0.0413
	(2.92)	(2.70)	(2.66)	(2.45)	(−1.46)	(−1.38)	(1.67)	(0.90)
lnsoe	−0.0319	−0.0428	−0.0254	−0.0411	0.0368	0.0325	0.0824	0.1773**
	(−0.61)	(−0.81)	(−0.51)	(−0.82)	(0.66)	(0.58)	(0.87)	(1.99)
lnpopulation	0.0140	0.0161	−0.0572	−0.0501	0.0223	0.0256	−0.0548	−0.1540**
	(0.31)	(0.36)	(−1.38)	(−1.21)	(0.54)	(0.62)	(−0.63)	(−2.09)
lnsex	0.2805	0.3567*	0.1566	0.2470	−0.3948*	−0.3611	−0.0253	0.3601
	(1.36)	(1.71)	(0.79)	(1.23)	(−1.69)	(−1.54)	(−0.08)	(1.29)
lneducation	0.0645	0.0502	0.0680	0.0563	−0.0132	−0.0288	−0.1152	−0.1183
	(0.77)	(0.60)	(0.87)	(0.72)	(−0.19)	(−0.41)	(−0.70)	(−0.81)
lnroad	−0.1206**	−0.1060*	−0.0430	−0.0338	0.0248	0.0346	−0.0328	0.1116
	(−2.18)	(−1.91)	(−0.80)	(−0.62)	(0.47)	(0.66)	(−0.28)	(1.14)
lnresource	−0.0113	−0.0095	−0.0143	−0.0117	−0.0473**	−0.0471**	0.0207	−0.0472
	(−0.69)	(−0.59)	(−0.93)	(−0.76)	(−2.50)	(−2.50)	(0.59)	(−1.61)
sea	0.0403*	0.0428*	0.0449*	0.0472**	0.0204	0.0181	0.0692*	0.0825*
	(1.78)	(1.90)	(1.91)	(2.02)	(0.75)	(0.67)	(1.69)	(1.96)
常数项	−2.2823***	−0.8106	−1.8659***	−0.3016	−2.4069***	−4.2797***	−2.0673***	1.4877
	(−5.75)	(−1.07)	(−4.72)	(−0.39)	(−4.54)	(−3.30)	(−3.38)	(1.33)
R^2	0.6999	0.7025	0.7551	0.7567	0.9073	0.9084	0.5902	0.6459
χ^2	938.38***	951.03***	1014.52***	1017.92***	2015.08***	2032.29***	239.34***	383.12***

续表

解释变量	全国				南方		北方	
	（1）	（2）	（3）	（4）	（5）	（6）	（7）	（8）
观察值	480	480	475	475	235	235	240	240

注：①*、**、***分别代表10%、5%和1%的显著性水平；②括号内为z值，R^2为整体拟合优度；③南方包括上海、江苏、浙江、安徽、福建、江西、湖北、湖南、广东、广西、海南、重庆、四川、贵州、云南，北方包括北京、天津、河北、山西、内蒙古、辽宁、吉林、黑龙江、山东、河南、陕西、甘肃、青海、宁夏、新疆，南北方的静态面板样本数均为240个；④动态面板中因重庆无1992—1996年的数据，故全国和南方的样本数较其静态面板少5个；⑤结果由Stata 12.0给出。下同。

5.4.2 政府规模与生存型、机会型企业家精神

表5-3是政府规模对生存型企业家精神的影响效应估计结果。其中，第9~12列显示政府规模的一次项系数显著为负，加入二次项后反而不显著，说明政府规模的扩张只是单调地抑制了生存型企业家精神，并不存在非线性关系，支持了H2。第13~16列是对南方、北方的分样本估计，没有加入政府规模的二次项，回归结果依旧支持H2，说明回归结果具有稳健性。

在控制变量方面，多数变量回归系数的显著性与表5-2一致，表5-3仅列示了教育程度的回归结果，该变量在所有列中的回归系数均为负，但是并不显著。因变量的滞后项系数基本上显著为正，R^2和χ^2值也都显示各列具有良好的拟合优度。

表5-3 政府规模对生存型企业家精神（NE）的影响效应估计结果

解释变量	全国				南方		北方	
	（9）	（10）	（11）	（12）	（13）	（14）	（15）	（16）
$\ln NE_{i-6}$			0.2148*** （4.98）	0.2094*** （4.86）		0.4494*** （8.68）		-0.0102 （-0.15）
$\ln Gov$	-0.2202*** （-2.77）	0.6892 （1.13）	-0.3589*** （-4.25）	0.6802 （1.00）	-0.2376* （-1.93）	-0.5624*** （-4.77）	-0.4056*** （-3.31）	-0.3551*** （-2.94）

续表

解释变量	全国				南方		北方	
	（9）	（10）	（11）	（12）	（13）	（14）	（15）	（16）
$(\ln Gov)^2$		0.2330 （1.50）		0.2670 （1.53）				
lneducation	−0.0318 （−0.39）	−0.0407 （−0.49）	−0.0226 （−0.28）	−0.0293 （−0.37）	−0.0650 （−0.67）	−0.0593 （−0.76）	−0.2030 （−1.28）	−0.1913 （−1.21）
常数项	−3.3727*** （−8.54）	−2.4775*** （−3.49）	−3.1890*** （−7.41）	−2.1718*** （−2.72）	−4.3142*** （−7.39）	−4.1377*** （−6.15）	−3.2498*** （−5.61）	−3.1675*** （−5.23）
R^2	0.2481	0.2444	0.5131	0.5127	0.4030	0.7386	0.3191	0.2448
χ^2	372.52***	377.33***	338.47***	339.87***	343.31***	581.94***	107.54***	112.32***
观察值	480	480	475	475	240	235	240	240

注：由于多数控制变量回归系数的显著性与表5-2类似，为节省篇幅，本表仅保留了教育程度的回归结果。表5-4同样如此。

表5-4是政府规模对机会型企业家精神的影响效应估计结果。其中，第18、20、24列都显示政府规模的二次项显著为正，证明政府规模和机会型企业家精神之间存在U形关系，回归结果支持了H3；第22列的二次项系数虽然为正，但并不显著，原因也在于南方的政府规模偏小，多数低于U形曲线拐点值。因此，回归结果具有稳健性。

在控制变量方面，教育程度的回归结果与表5-3不同，多数列的估计系数为正，且第19、20、23、24列中显著为正，说明教育程度越高，机会型企业家精神越活跃。这反映出相比个体工商户而言，投资私营企业具有较高的经营门槛和能力要求，教育程度高的人群往往掌握更多的企业创办技能。综合表5-3和表5-4中教育程度的回归结果，可以认为教育程度对机会型企业家精神有积极影响，对生存型企业家精神有一定的消极影响，这支持了宋宇和张琪（2010）、张双志和张龙鹏（2016）的实证结论。同样地，因变量的滞后项系数基本上显著为正，R^2和χ^2值也都显示模型具有良好的拟合优度。

表 5-4 政府规模对机会型企业家精神（OE）的影响效应估计结果

解释变量	全国				南方		北方	
	（17）	（18）	（19）	（20）	（21）	（22）	（23）	（24）
$lnOE_{i-6}$			0.0654*	0.0547	0.4146***	0.4156***	0.1812***	0.1268**
			(1.75)	(1.46)	(7.94)	(7.14)	(3.22)	(2.17)
lnGov	−0.1946*	1.9958**	−0.1994*	1.7563**	0.0655	0.1272	−0.4553***	3.1884**
	(−1.76)	(2.31)	(−1.89)	(2.08)	(0.58)	(0.08)	(−3.14)	(2.42)
$(lnGov)^2$		0.5629**		0.5058**		0.0156		0.9473***
		(2.56)		(2.33)		(0.04)		(2.79)
lneducation	0.0305	0.0042	0.1820*	0.1714*	−0.0323	−0.0330	0.6443***	0.6878***
	(0.28)	(0.04)	(1.78)	(1.68)	(−0.30)	(−0.30)	(3.06)	(3.32)
常数项	−4.8422***	−2.7055***	−3.5129***	−1.6599*	−3.1223***	−3.0604*	−3.7088***	−0.2922
	(−9.27)	(−2.74)	(−6.62)	(−1.73)	(−4.74)	(−1.77)	(−4.39)	(−0.20)
R^2	0.8250	0.8256	0.8443	0.8435	0.9534	0.9534	0.7867	0.7961
χ^2	2317.03***	2354.62***	1573.77***	1592.15***	3413.51***	3393.10***	623.15***	655.86***
观察值	480	480	388	388	193	193	195	195

注：动态面板中由于机会型企业家精神的最早数据年度为 1995 年，且重庆无 1995—1996 年的数据，故全国样本数较其静态面板少 92 个，南方样本数较其静态面板少 42 个，北方样本数较其静态面板少 45 个。

5.4.3 稳健性检验

上述实证分析中，本书在回归过程中逐个放入控制变量，发现变量系数的符号没有变化且显著性检验情况一致，另外也考虑南北方的政府规模差异进行了分样本估计，这些都在一定程度上证明回归结果具有稳健性。进一步，本书从以下三个方面验证实证结论的可靠性。

（1）剔除直辖市样本。由于直辖市的政治等级高于其他省份，对经济运行的影响机制可能比一般省份更为复杂，所以包含直辖市的样本可能导致研究结论出现偏差。

（2）政府规模的重新度量。即以政府财政支出占 GDP 的比重来度量政府规模。

（3）基于系统广义矩估计（SYS-GMM）的再估计。动态面板可能因解释变量的内生性而不能一致和无偏地估计系数，SYS-GMM是一种常见的克服方法。

表5-5报告了稳健性检验的结果，包括SYS-GMM的AR和Sargan检验结果均支持了本书的主要结论。

表5-5 稳健性检验结果

变量	剔除直辖市样本			以政府财政支出占GDP的比重度量政府规模			SYS-GMM估计		
	E	NE	OE	E	NE	OE	E	NE	OE
	(25)	(26)	(27)	(28)	(29)	(30)	(31)	(32)	(33)
lnGov	1.0242* (1.73)	-0.5265*** (-6.01)	0.9354 (1.30)	0.2342 (1.09)	-0.5259*** (-7.18)	0.4890 (1.60)	1.0386 (0.28)	-0.3078** (-2.35)	0.5992 (0.10)
(lnGov)²	0.3246** (2.16)		0.3339* (1.83)	0.1388** (2.45)		0.2081** (2.44)	0.3023* (1.65)		0.1724* (1.85)
AR（1）							0.0073	0.0035	0.0508
AR（2）							0.4377	0.4181	0.4116
Sargan检验							0.8595	0.7578	0.9586
观察值	416	416	338	475	475	388	480	480	480

注：①E、NE、OE分别表示该列的被解释变量为企业家精神、生存型企业家精神、机会型企业家精神；②Sargan检验、AR（2）报告的是p值；③限于篇幅，滞后项、控制变量和常数项的系数估计结果没有列出。

5.4.4 结果分析

根据实证研究结果，得出以下四点结论。

（1）我国地方政府规模对企业家精神的实际影响效应呈现出U形关系，这说明地方政府规模扩张在短期内抑制了企业家精神，但是在长期内促进和激发了企业家精神。合理的解释是：短期之内，当政府规模较小时，政府规模扩张将直接增加企业的税费负担，提高个人的最低收入保障水平，税费效应、懒人效应等负效应占据主导，从而降低该地区的潜在企业家供给水平；长期而言，随着政府规模的持续扩张，当政府规模超过一定的临界点（测算门槛值约为19%）时，将带来公共产品与服务的持续增加，并在达到一定的存量基础之后发挥出边际递增的溢出效应，使人力资本效应、市场运行秩序等正效应占据主导，企业生产、经营和投资的外部环境显著改善，从而提高该地区的企业家供给水平。这说明，地方政府规模扩张有利于企业家精神最大化，从评价标准判断，当前我国地方政府规模扩张是有效的[①]。

（2）政府规模对企业家精神的影响效应具有显著的南北方差异。这是由于南方的政府规模普遍偏小，低于U形曲线门槛值（约为19%），对企业家精神的影响效应仍居于U形曲线左侧区间，呈现单调的抑制效应；而北方的政府规模普遍偏大，U形关系表现较为完整。

（3）政府规模扩张对不同类型企业家精神的影响存在异质性，其中，对生存型企业家精神的影响呈单调抑制特征，对机会型企业家精神的影响呈U形关系。原因可能是：生存型企业家代表了劳动力市场上缺少就业机会的弱势群体，他们没有得到足够的政策面关注，因而缺乏足够的资源来支付政府规模扩张所施加的税费等成本；机会型企业家拥有更多的资源来支付政府规模扩张所施加的额外成本，同时作为一种更大范围、更高层面的资源集成，其明显受益于公共服务的溢出效应，而这种溢出效应的发挥需要以一定的公共服务存量做基础且具有边际递增性，所以当政府规模足够大时，政府规模与机会型企业家精神之间关系的走势便

---

① 当然这是由我国地方政府规模仍然偏小的现实所决定的，并不意味着政府规模可以无限制地扩张，实际上可以预期当政府规模超过某个较高的警戒水平时，其对企业家精神的实际影响将从正效应为主转向负效应为主，呈现倒U形关系。

从下降通道步入上升通道，呈现 U 形特征。这启示我们，对于不同类型的企业家活动应采取差别化的支持政策：对于生存型企业家活动，关键是要纠正长期以来的政策偏移，加大对个体工商户的政策关注、金融支持；对于机会型企业家活动，要更加重视教育和人力资本的投资，加大人才引进的政策力度。

（4）在外部环境因素中，经济发展、金融支持、对外开放、沿海区位等因素对企业家精神有积极影响，国有经济比重、人口结构、要素禀赋等因素的影响效果并不显著。国有经济比重高并不必然抑制该地区的私人创业活动，这可能是国有企业自 1993 年以来进行现代企业制度改革和战略性改组的结果，前者使国有企业成为独立的市场竞争主体，后者使国有企业大幅收缩行业布局，这些都促成了充分竞争的市场格局。人口结构和要素禀赋对企业家创业活动的影响不显著，这是日益发达的交通和通信技术促进人口和资源跨区域流动的结果。只有教育程度对生存型和机会型企业家精神的影响出现分化，即对前者影响不显著，对后者则有显著的正面影响，这反映出教育程度高的人群更能胜任机会型企业家活动。

5.5 本章小结

在上一章研究的基础上，本章关注企业家精神的关键影响因素——政府规模。首先，针对政府规模的自我扩张倾向，提出以企业家精神最大化作为政府规模扩张有效性的评价标准。其次，推演了政府规模扩张影响企业家精神的理论机制，并考虑我国地方政府的行为模式和政策变迁的时代环境，对实际影响效应做出了判断和假设。最后，区分生存型和机会型企业家精神，运用动态面板回归模型进行了实证检验。

研究结果对本书研究问题 2 给予了肯定性回答。本章的主要结论是：第一，政府规模扩张对企业家精神具有复杂的影响机制，既有人力资本效应、福利效应、创业"张力"等正向影响，也有税费效应、拥挤效应、垄断效应等负向影响，净效应取决于这两方面的权衡。第二，我国地方政府规模扩张对企业家精神的净效应呈现出 U 形关系，表明地方政府规模扩张在短期内抑制了企业家精神，但是在长期内激发了企业家精神。从评价标准判断，当前我国地方政府规模扩张是有效的，这也为未来一段时期内积极财政政策的运用提供了理论依据。第三，我国地方政府规模扩张对生存型和机会型企业家精神具有不同的影响效应，前者为单调的抑制效应，后者为 U 形关系，相应地，对二者应采取差别化的支持政策。

6 整合框架下的影响效应与传导机制分析

第 4 章、第 5 章分别就企业家精神对高质量发展的影响机制、政府规模扩张对企业家精神的影响机制进行了理论分析和实证检验,回答了本书的研究问题 1 和问题 2。不同于这种两个概念之间的孤立性分析,本章尝试将政府规模、企业家精神、高质量发展三个核心概念纳入一个共同的分析框架,对它们之间多样化的影响效应与传导机制进行整合性分析,以回答本书的研究问题 3。无疑,这种整合框架下的影响效应和传导机制更为复杂,但是更符合研究对象的现实特征,也更贴近"双引擎"战略的逻辑框架,研究结论将更具解释意义。

具体地,基于前两章对相关核心概念之间协同与驱动关系的实证结论,提出一组研究假设,然后运用结构方程模型的方法,完成概念化建模和验证性分析,最后归纳出研究结论。

6.1 理论分析与研究假设

需要指出的是,考虑到各地区的技术创新努力与企业家精神、经济效率所具有的密切联系,参考 Audretsch 等(2008)的做法,将技术创新与政府规模、企业家精神、高质量发展一同纳入理论分析框架。在分析过程中,技术创新将作为一个外因变量(Exogenous Variable)出现,这并不会改变政府规模、企业家精神、高质量发展三者之间的影响路径;相反,这一变量的加入将避免在概念化建模阶段出现关键变量遗漏[①]。

首先，以企业家精神为"纽带"建立关系网络。第 4 章分析了企业家精神对高质量发展的影响机制，建立了"企业家精神→高质量发展"的关系链；同时，在高质量发展的回归模型中纳入了 R&D 强度指标，初步建立了"技术创新→高质量发展"的关系链。第 5 章分析了政府规模扩张对企业家精神的影响机制，建立了"政府规模→企业家精神"的关系链。所以，本章以企业家精神作为连接纽带，建立"政府规模—技术创新—企业家精神—高质量发展"的关系网络。

接下来，基于前文研究，对关系网络中的变量关系提出研究假设。以下一一说明。

（1）企业家精神与高质量发展的关系。第 4 章通过市场过程范式对企业家精神驱动高质量发展的影响机制进行了理论阐述，实证研究结果也给予了支持。于是提出假设 1。

H1：企业家精神对高质量发展有积极的影响。

（2）政府规模与企业家精神的关系。第 5 章分析了政府规模扩张对企业家精神的影响机制，指出政府规模扩张对企业家精神具有并存的正、负两种效应，实证结果表明净效应呈现 U 形特征，说明政府规模扩张在短期内抑制了企业家精神，但是在长期内促进和激发了企业家精神。由于本章运用的结构方程模型是一种线性统计建模技术，为方便讨论，可以认为政府规模与企业家精神正相关。于是提出假设 2。

H2：政府规模扩张对企业家精神有积极的影响。

---

① 本书所采用的实证方法是结构方程模型，在模型评估阶段需要避免模型适配度差的问题。造成模型适配度差的可能原因有：违反数据分布假定、缺失值太多、存在叙列误差等（Bentler 和 Chou，1987）。所谓叙列误差，主要是指模型遗漏了适当的外因变量，或遗漏了变量间的重要联结路径等（吴明隆，2010）。

(3）政府规模与高质量发展的关系。这里包含两种关系：第一，间接影响，即政府规模经由企业家精神而间接影响高质量发展。若 H1 和 H2 成立，这种间接影响便是积极的。于是提出假设 3。

H3：政府规模扩张会经由企业家精神影响高质量发展，而且具有显著的积极影响。

第二，直接影响，即政府规模的变化直接影响高质量发展。这方面的相关研究是从政府支出规模和生产效率的关系入手的。国外研究方面，巴罗（Barro，1990）将政府支出流量纳入宏观生产函数，证明了在竞争性市场均衡条件下政府支出对私人资本的生产率具有积极影响，即政府支出可以改善单要素生产率。Chatterjee 等（2003）将政府支出纳入人力资本积累方程，证明了政府的教育支出等可以加速人力资本积累，从而既可以提高劳动产出率，也可以改善资本生产率。在此基础上，Darby 等（2004）又进一步证明了政府支出可以提高"干中学"效应，从而提高全要素生产率。然而，实证分析往往得出完全相反的结论（Karikari，1995；Baffes 和 Shah，1998），即使是理论上认为最有可能对生产效率发挥积极作用的教育支出，在实证文献中也出现了与理论分析相悖的结论（Nijkamp 和 Poot，2004）。

在中国情境下，政府规模影响高质量发展的实际效应可能受到"中国式分权"体制的影响。中国式分权的独特性在于经济分权与垂直的政治管理体制紧密结合（傅勇和张晏，2007）。一方面，中国于 1985 年和 1994 年分别进行了契约性财政分权和分税制财政分权改革，地方政府在财政分权改革之后获得了一定的财政自治权，并承担起地方公共品供给和资源配置的责任。这极大地强化了地方政府的财税激励，使得地方政府具有很强的积极性通过扩大财政支出规模来推动经济增长，而经济增长反过来又促进了地方财政收支的进一步提高。另一方面，在垂直的政治管理体制下，地方官员的政治晋升取决于中央对地方的政绩考核结果，在多任务的委托代理关系下，考核往往侧重于可测度的经济指标。因此，配合着政府官员手中拥有的巨大行政权和自由处置权，形成了以 GDP 增长为基础、具有强激励特征的"晋升锦标赛"模式（周黎安，2007）。

据此，本书判断地方政府规模扩张不利于增长方式的集约化转变，即不利于高质量发展。理由是：①财政分权强化了地方政府的自利意识和扩张冲动，并诱发重投资建设性支出、轻公共服务性支出的结构性偏向，抑制了资源配置效率提升（唐未兵和伍敏敏，2017）。地方政府推动 GDP 增长的最直接途径是基础设施投资，其本质是依靠投资来拉动经济，并未提高企业的生产率，却对资本、劳动和能源投入产生更大的推动作用，从而强化了以要素驱动为特征的粗放型增长方式（唐颖和赵文军，2014）。②在缺乏地方问责机制的情况下，财政分权带来的高强度经济激励容易诱发政府官员腐败、地方保护主义和被利益集团俘获等机会主义行为（Enikolopov 和 Zhuravskaya，2007）。特别是基础设施投资领域，不仅腐败问题易发、高发，极大地降低了投资效率，而且低下的基础设施利用率也令地方政府背负了大量债务，严重阻碍了 TFP 增长（Aschauer，2000）。③财政分权促进了地方政府竞争，但由于缺乏相应的协调机制，很容易诱发地方政府之间的恶性竞争。同时，"晋升锦标赛"所具有的"赢家通吃"和"零和博弈"特征，又进一步促使这种激烈的政治竞争转化为地方政府之间不计成本和效益的恶性经济竞争，成为中国粗放和扭曲型经济增长的制度根源之一（周黎安，2004、2007）。这也得到了来自国内的经验支持，如基于 1991—2004 年（祝接金和胡永平，2006）、2005—2012 年（薛钢等，2015）省级样本的实证研究均发现，财政支出对 TFP 具有抑制效应。于是提出假设 4。

H4：政府规模扩张对高质量发展有消极的直接影响。

（4）技术创新与企业家精神的关系。第4章的高质量发展回归模型中纳入了R&D强度指标，回归结果表明企业家精神与R&D强度的交叉项系数值显著为负，即企业家精神并未促进R&D知识溢出，这表明"企业家精神→技术创新"的作用链不成立。对此，笔者认为，这是由现阶段我国国情决定的：相比外资外贸的技术溢出而言，自主创新既耗时又耗成本（林毅夫和任若恩，2007），同时产学研合作机制不健全（李华晶，2010）、知识产权保护机制不完善（Tang和Hull，2012），使得企业家倾向于基于短期利益目标战略的创新活动。但是，还可能存在"技术创新→企业家精神"的作用链。由于面对面交流对默会知识传递的极端重要性，默会知识传递具有很强的本地化属性（Jaffe等，1993；Audretsch和Feldman，1996）。因此，一个地区的知识创造活动（R&D等技术创新努力）越丰富，知识溢出的来源就越多，可供开发的潜在创业机会也相应越多，也就更有可能孕育企业家精神。Audretsch等（2008）以高科技和ICT企业为研究样本，对此予以了实证支持；Audretsch等（2005）则基于对大学周边高科技创业率的分析，证实大学的知识生产功能对当地创业活动具有显著的促进作用。于是提出假设5。

H5：技术创新对企业家精神有积极的影响。

（5）技术创新与高质量发展的关系。这里也包含两种关系：第一，间接影响，即技术创新努力经由企业家精神而间接影响高质量发展。若H1和H5成立，这种间接影响便是积极的。于是提出假设6。

H6：技术创新会经由企业家精神影响高质量发展，而且具有显著的积极影响。

第二，直接影响，即技术创新直接影响高质量发展。第4章的高质量发展回归结果显示，R&D 强度对高质量发展的影响系数不显著，这与张海洋（2005）、李小平等（2006、2007、2008）的研究结论相一致。张海洋（2005）研究发现，R&D 投资对生产率的影响不稳定，主要原因是 R&D 投资对技术效率的影响为负。李小平等（2006、2008）发现，研发投入对 Malmquist 生产率增长和技术效率增长的影响为负。李小平（2007）发现中国 R&D 投资的产出回报率和生产率回报率"双低"，原因可能有两个：一是体制原因，由于 R&D 投资主要集中在国有大中型工业企业，因而存在严重的预算软约束和委托代理问题；二是国有大中型工业企业的 R&D 投资比重远大于美国和日本，过高的 R&D 投资强度一方面导致投资回报率递减，另一方面导致投资效率低下甚至浪费。综上，本书认为技术创新努力对生产率的提升作用可能在当前的转型期并不明显。于是提出假设 7。

H7：技术创新对高质量发展的直接影响不显著。

6.2 研究设计

正如前文所指出的，政府规模、企业家精神、高质量发展三者都是高度抽象化的概念，单一指标无法完全且毫无偏差地反映它们的状况，自变量和因变量存在测量误差是必然的。此外，OLS 等广义线性模型只容许模型中有一个因变量，即便是在模型中引入多个因变量，其实质也是分别就一个因变量和一组自变量建立模型，模型之间不存在相互影响（王卫东，2010）。由于使用传统的计量分析方法无法很好地处理这些问题，根据整合性分析的需要，本章将采用结构方程模型的方法来检验模型与数据的拟合情况。

6.2.1 结构方程模型

结构方程模型（Structural Equation Modeling，SEM）是应用线性方程系

统表示观察变量与潜变量关系，以及潜变量之间关系的一种统计方法，是一种通用的、主要的线性统计建模技术。虽然其核心概念在20世纪70年代初期才被研究人员提出，但是获得了迅猛发展，如今不仅拥有专属期刊 Structure Equation Modeling 刊登该领域的理论与实证研究成果，而且在心理学、管理学、社会学等社会科学领域出现了越来越多的实证文章。

从方法脉络上说，SEM 是对因子分析和路径分析的综合，因子分析引入了潜变量的思想，路径分析则实现了在模型中同时引入多个因变量。与传统的统计建模分析方法相比，SEM 主要有以下几个优点（林嵩和姜彦福，2006）。

（1）允许回归方程的自变量含有测量误差。在传统统计方法特别是计量模型中，自变量通常都默认为可直接观测，不存在观测误差。但是对于管理学等社会科学领域的很多研究课题来说，模型所涉及的自变量常常不可观测。SEM 将这种测量误差纳入模型，能够加强模型对实际问题的解释性。

（2）可以同时处理多个因变量。在传统计量模型中，因变量一般只有一个，但是在管理学等社会科学领域，因变量常常有多个，如员工素质既可以影响企业文化，也可以影响企业绩效。SEM 允许同一模型中出现多个因变量，在模型拟合时对所有变量的信息都予以考虑，从而增强模型的有效性。

（3）可以同时进行因素的测量和因素之间关系的分析。在传统的统计方法中，因素自身的测量和因素之间关系的分析往往是分开的：先对因素进行测量，评估概念的信度与效度，达到评估标准之后，才将测量资料用于进一步的分析。SEM 则允许将因素测量和因素之间的结构关系纳入同一模型中同时予以拟合，这不仅可以检验因素测量的信度和效度，还可以将测量信度的概念整合到路径分析等统计推论中。

（4）允许更具弹性的模型设定。在传统建模技术中，模型的设定通常限制较多，例如，单一指标只能从属于一个因子，模型自变量之间不能有多重共线性等。SEM 则限制相对较少，例如，SEM 既可以处理单一指标从属于多个因子的因子分析，也可以处理多阶的因子分析模型；在因素结构关系拟合上，也允许自变量之间存在共变方差关系。

实际上，在企业家精神与经济活动影响关系的研究领域，SEM 方法已经崭露锋芒。如企业家精神研究领域的权威学者 Audretsch 等（2008）指出，相比于传统的回归分析方法，SEM 更适用于潜变量关系研究，并运用 SEM 方法和德国的数据实证研究了创新努力、技术知识、企业家资本和经济绩效的关系。国内方面，张晔（2005）运用 SEM 方法和我国省级截面数据研究了政府规模、经济自由与企业家精神的关系；曾铖等（2015）指出 SEM 是实证分析企业家精神与经济增长方式转变之间的微观机理的有效方法。

SEM 通常包括三个矩阵方程式：

$$X = \Lambda_x \xi + \delta$$

$$Y = \Lambda_y \eta + \varepsilon$$

$$\eta = B \eta + \Gamma \xi + \zeta$$

其中，方程 1 和方程 2 被称为测量模型，方程 3 被称为结构模型。方程中各变量的含义如下：X 为外生观察变量向量；ξ 为外生潜变量向量；Λ_x 为外生观察变量与外生潜变量之间的关系，是外生观察变量在外生潜变量上的因子载荷矩阵；δ 为外生变量的误差项向量；Y 为内生观察变量向量；η 为内生潜变量向量；Λ_y 为内生观察变量与内生潜变量之间的关系，是内生观察变量在内生潜变量上的因子载荷矩阵；ε 为内生变量的误差项向量；B 和 Γ 都是路径系数，B 表示内生潜变量之间的关系，Γ 则表示外生潜变量对内生潜变量值的影响；ζ 为结构方程的误差项。

综上而言，本章研究问题涉及多个难以衡量的高度抽象化概念，且彼此之间可能具有共变关系、直接效应、间接效应等复杂关系，而 SEM 方法为我们提供了一个概念化建模和验证过程（林嵩和姜彦福，2006），因而适用于本章所开展的整体性影响机制模型研究。

6.2.2 变量度量[①]

本章将政府规模、技术创新、企业家精神、高质量发展作为 SEM 分析的四个潜变量（Latent Construct），其中政府规模、技术创新是外因潜变量，企业家精神、高质量发展是内因潜变量。接下来，分别定义四个潜变量的观察变量（Indicators Construct）。

（1）政府规模。第 5 章中以政府消费支出占 GDP 的比重为指标衡量政府规模。除此之外，国内外学者常用的度量方法还有：①预算内支出或财政支出占 GDP 的比重（范子英和张军，2010；庄玉乙和张光，2012；文雁兵，2014）；②预算内外支出之和占 GDP 的比重（王文剑，2010）；③政府雇员总量或占就业人口的比重（Karras，1996；周黎安和陶婧，2009）。对于第二个指标，由于《中国财政年鉴》公布的各地区预算外资金支出的可得数据年份只到 2010 年，2011 年以后数据缺失，因而无法采用。对于第三个指标，由于中国公务员制度涉及编制问题，尽管有相当部分政府雇员不在政府编制序列

[①] 有人提出，"经济增长方式转变是多因素相互影响的结果，仅以政府规模、企业家精神进行分析是不全面的"。在此，就本章仅考虑政府规模、技术创新的努力、企业家精神三个潜变量对经济增长方式转变的影响，而没有控制更多的影响因素变量，做如下解释。①按照本书的逻辑结构，第 4 章、第 5 章运用计量分析的方法，控制诸多可能的经济控制变量，分别建立了"企业家精神→经济增长方式转变""政府规模→企业家精神"的关系链，得到了二者的基本关系假设；在此基础上，第 6 章运用 SEM 方法进行整体建模和分析。所以，本书分析框架中已经部分地考虑了除政府规模、企业家精神之外的其他因素，保证了模型的每个参数都具有相当的理论基础。②简约原则（Principle of Parsimony）是理论模型构建的一个重要原则（吴明隆，2010）。当一个简约模型被接受时，表示它比其他较不简约的模型具有较低的被拒绝率，因此也比较不会得到错误的结论（邱皓政，2005）。因此，本章 SEM 分析不再将这些经济控制变量纳入理论模型。

内，却承担着部分政府职能并由财政支付经费（如事业单位），还有许多地方将政府雇员分为财政供养人口和自收自支供养人口，所以雇员数量指标无论是统计数据还是概念界定都存在一定的模糊性（文雁兵，2014）。综合考虑，本章以政府消费支出占 GDP 的比重（简称政府消费）和地方财政一般预算支出占 GDP 的比重（简称财政支出）作为政府规模的两个观察变量。

（2）企业家精神。第 4 章、第 5 章的分析表明，机会型企业家精神与政府规模、高质量发展具有明确的影响关系，生存型企业家精神则与其没有明确的影响关系。因此，本章仍将选用机会型企业家精神的观测指标，除了第 4 章、第 5 章用到的私营企业投资者人数占就业人口的比重（简称产权密度）之外，补充私营企业从业人员数占就业人口的比重（简称用工规模）作为企业家精神的观察变量。

（3）技术创新。第 4 章中以 R&D 强度为指标衡量技术创新，该指标仅反映了科技创新的投入，本章将补充科技创新的产出指标。一般而言，科技创新产出可分为知识产出（专利、科技论文等）和经济产出（工业新产品产值、高新技术产业等）两类（张宗和和彭昌奇，2009；曾铖和郭兵，2014），考虑到经济产出可能与经济增长方式转变存在严重的多重共线性，本章仅从知识产出的角度选取技术创新的观察变量。由于专利指标的通用性、一致性、易得性等优点，采用专利数衡量技术创新绩效具有相当的可靠性（Acs 等，2002）。虽然对于选取专利申请量还是授权量尚有争议，但由于专利授权的滞后性和人为因素影响，国内外学者更倾向于采用专利申请量指标（Crosby，2000）。为此，本章以各地区 R&D 经费支出占 GDP 的比重（简称 R&D 强度）和每万就业人口专利申请受理量（简称专利密度）作为技术创新的两个观察变量。

（4）高质量发展。第 4 章中以 HQD 指标（全要素生产率对经济增长的贡献率）衡量高质量发展，并同时引入技术效率（TE）和技术进步（TP）以揭示其背后的驱动力。在模型预估计中，笔者发现：若以 TE 和 TP 作为高质量发展的两个观察变量，将出现 TE 因子载荷为负数的情形；若以 HQD 和劳动产出率作为两个观察变量，也将出现 HQD 因子载荷为负数的情形，这两种情况都将导致模型违反估计（Hair 等，1998；Byrne，2001）。为此，本章选择以累积形式的全要素生产率[①]（TFP）作为高质量发展的第一个观察变量。

前文已经指出，衡量高质量发展及经济增长方式转变的常用指标还有劳动产出率和资本产出率[②]。在模型预估计中，笔者发现由于数据观测期内大部分地区的资本产出率逐步走低，与 TFP 走势相反，若以 TFP 和资本产出率作为两个观察变量，也将出现资本产出率的因子载荷为负数的情形，同样导致模型违反估计。因此，本章选择以劳动产出率（简称劳产率）作为高质量发展的第二个观察变量。

6.2.3 样本与数据

在 SEM 分析中，到底多少个样本最为适当？虽然 SEM 分析的样本数越大越好，但是在适配度检验中，绝对适配度指数 χ^2 值受到样本数的影响很大，当研究者使用较多的受试样本时，χ^2 容易达到显著水平，表示模型被拒绝的机会增大，即假设模型与实际数据不契合的机会上升，因此要在样本数与整体模型适配度上取得平衡是相当不容易的（吴明隆，2010）。对此，国

[①] 以 Malmquist 生产率指数计算的原始 TFP 是一个环比指数，仅表示样本的跨期生产率变化，数值稳定在 1.0 左右，不是一个稳定增长的绝对数。在模型预估计中，笔者发现若以原始形态的 TFP 数值作为经济增长方式转变的观察变量，则它与其他观察变量的相关性较低，不符合 SEM 的要求。参照郭庆旺等（2005）、蒋殿春和黄静（2007）、张成等（2010）的做法，笔者对环比形态的原始 TFP 值进行连乘处理，即以 1998 年的生产率指数为 1，将以后年份的生产率指数以 1998 年为基期进行变换。

[②] 这里劳动产出率和资本产出率的计算方法是按 1952 年不变价计算的 GDP 除以就业人口数或固定资本存量，不变价 GDP 数据来自第 3 章。

内外学者持有不同的观点：Bentler 和 Chou（1987）认为研究变量如果符合正态或椭圆形分布，则每个观察变量有 5 个样本就够了；黄芳铭（2004）认为研究变量如果是其他分布情形，则每个观察变量最好有 10 个以上样本；Kline（1998）研究发现，若样本数低于 100，则参数估计结果是不可靠的；Rigdon（2005）认为样本数至少应该在 150 个以上，否则模型的统计检验力较低；Mueller（1997）认为样本大小的标准为至少在 100 以上，200 以上更佳；Thompson（2000）认为，如果从模型观察变量数来分析样本数，则样本数与观察变量数的比例至少为 10∶1~15∶1。吴明隆（2010）对不同观点进行了总结，认为大于 200 以上的样本才可以称得上是一个中型样本，若要追求稳定的 SEM 分析结果，受试样本数最好在 200 以上。Schumacker 和 Lomax（2004）则通过文献研究发现，大部分 SEM 研究的样本数介于 200~500 之间。

本章衔接前几章的样本与数据选择，选取我国 27 个省（区、市，不含西藏、海南、四川、重庆）1999—2013 年的相关指标数据，共计 405 个样本。对比以上标准可知，本章 SEM 分析的样本数量是合适的。

在数据来源方面，新的变量的所有数据均来自相关年份的各省（区、市）统计年鉴。各变量的描述性统计结果如表 6-1 所示，协方差矩阵见附录 3。

表 6-1　观察变量的描述性统计结果

符号	变量	计算公式	单位	观察值	均值	标准差
X1	政府消费	政府消费支出 /GDP	%	405	14.63	4.47
X2	财政支出	地方财政一般预算支出 /GDP	%	405	17.06	8.13
X3	R&D 强度	R&D 经费支出 /GDP	%	405	1.18	1.06
X4	专利密度	专利申请受理量 / 就业人口	件 / 万人	405	9.85	16.75
Y1	产权密度	私营企业投资者人数 / 就业人口	人 / 千人	405	20.04	22.58

续表

符号	变量	计算公式	单位	观察值	均值	标准差
Y2	用工规模	私营企业从业人员数/就业人口	人/千人	405	100.95	103.21
Y3	劳产率	GDP（1952年不变价）/就业人口	万元/人	405	0.99	1.09
Y4	TFP	Malmquist 指数的累积形式	—	405	1.51	0.51

6.3 模型和结果分析

这一节先建立整体理论模型，再利用 AMOS 22.0 软件进行验证性因子分析和结构分析，完成理论模型评估和研究假设检验，最后给出主要结论。

6.3.1 理论模型构建

根据上文的研究假设和变量设定，利用结构方程模型符号，建立如下理论模型（见图 6-1）。图中潜变量以椭圆形表示，观察变量以矩形表示。变量之间的关系用线条表示，单向箭头表示变量之间具有因果关系。

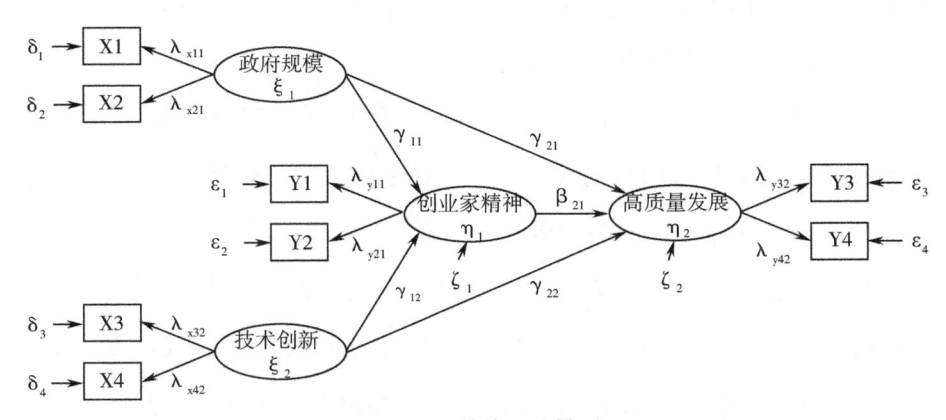

图 6-1 整体理论模型

根据测量模型和结构模型的矩阵方程式，得到 SEM 检验的回归方程：

$$\begin{pmatrix} X1 \\ X2 \\ X3 \\ X4 \end{pmatrix} = \begin{pmatrix} \lambda_{x11} & 0 \\ \lambda_{x21} & 0 \\ 0 & \lambda_{x32} \\ 0 & \lambda_{x42} \end{pmatrix} \times \begin{pmatrix} \xi_1 \\ \xi_2 \end{pmatrix} + \begin{pmatrix} \delta_1 \\ \delta_2 \\ \delta_3 \\ \delta_4 \end{pmatrix} \quad (6-1)$$

$$\begin{pmatrix} Y1 \\ Y2 \\ Y3 \\ Y4 \end{pmatrix} = \begin{pmatrix} \lambda_{y11} & 0 \\ \lambda_{y21} & 0 \\ 0 & \lambda_{y32} \\ 0 & \lambda_{y42} \end{pmatrix} \times \begin{pmatrix} \eta_1 \\ \eta_2 \end{pmatrix} + \begin{pmatrix} \varepsilon_1 \\ \varepsilon_2 \\ \varepsilon_3 \\ \varepsilon_4 \end{pmatrix} \quad (6-2)$$

$$\eta_1 = \gamma_{11} \xi_1 + \gamma_{12} \xi_2 + \zeta_1 \quad (6-3)$$

$$\eta_2 = \gamma_{21} \xi_1 + \gamma_{22} \xi_2 + \beta_{21} \eta_1 + \zeta_1 \quad (6-4)$$

其中，β_{21}对应待检验假设H1，若估计系数显著为正，则支持H1；γ_{11}对应H2，若估计系数显著为正，则支持H2；$\gamma_{11}\beta_{21}$对应H3，若H1和H2成立，则支持H3；γ_{21}对应H4，若估计系数显著为负，则支持H4；γ_{12}对应H5，若估计系数显著为正，则支持H5；$\gamma_{12}\beta_{21}$对应H6，若H1和H5成立，则支持H6；γ_{22}对应H7，若估计系数不显著，则支持H7。

6.3.2 理论模型评估

适配度指标（Goodness-of-Fit Indices）用来评价假设的路径分析模型与搜集的数据是否相互适配。对于模型适配度的评价有许多不同的主张，但以学者Bagozzi和Yi（1988）的观点较为周全，他们认为假设模型与实际数据是否契合，需要同时考虑以下三个方面：基本适配度指标（Preliminary Fit Criteria）、整体模型适配度指标（Overall Model Fit）、模型内在结构适配度指标（Fit of Internal Structure Model）。整体模型适配度的检验可以说是模型外在质量的检验，模型内在结构适配度的检验反映各测量模型的信度及效度，是模型内在质量的检验（吴明隆，2010）。

(1)基本适配度指标。它用于检验模型的误差、辨认问题或输入有误等项目。模型中观察变量的测量误差不能有负的误差变异且必须达到显著水平,因子载荷不能太低(<0.5)或太高。表6-2的结果显示,本研究潜变量的观察变量因子载荷除 λ_{y42} 外全都大于0.5,且均达到显著水平,测量误差也不存在负的误差变异,基本满足要求。

表6-2 理论模型的检验结果

变量	MLE 估计系数		组合信度	平均方差抽取量
	因子载荷	信度系数		
政府规模			0.820	0.704
X1 政府消费	1.000[#]	1.000		
X2 财政支出	0.639***	0.408		
技术创新			0.818	0.692
X3 R&D 强度	0.796[#]	0.634		
X4 专利密度	0.866***	0.750		
企业家精神			0.977	0.955
Y1 产权密度	0.992[#]	0.984		
Y2 用工规模	0.962***	0.925		
高质量发展			0.630	0.517
Y3 劳产率	0.966[#]	0.933		
Y4 TFP	0.316***	0.100		

注:①模型参数估计采用极大似然估计法(Maximum Likelihood Estimate,MLE);②因子载荷为标准化估计值;③[#]表示该观察变量的因子载荷在非标准化情况下为固定参数;④*、**、***分别表示0.05、0.01、0.001的显著性水平。

(2)整体模型适配度指标。它主要用来评定整体模型与数据的匹配程度。整体模型适配度指标又可细分为绝对适配指标(Absolute Fit Indices)、增值适配指标(Incremental Fit Indices)、简约适配指标(Parsimonious Fit Indices)。卡方值(χ^2)是最常用的判断指标,但是由于卡方值和卡方自由度比值都容易受到样本大小的影响，因而在判别模型适配度时，最好参考其他适配度指标值进行综合判断（Wheaton，1987），如近似误差均方根（RMSEA）、拟合优度指数（GFI）、调整后拟合优度指数（AGFI）、标准拟合指数（NFI）、相对拟合指数（CFI）、Akaike 讯息效标（AIC）、调整后 AIC 值（CAIC）等。

本研究整体模型适配度指标的评价标准与判断结果如表 6-3 所示。其中，χ^2 值为 11.106，显著性概率值 p 为 0.269，大于 0.05，未达到显著水平，不能拒绝虚无假设，表示假设模型与样本数据可以适配；χ^2 自由度比值（CMIN/DF）为 1.234，小于 2.00，表明假设模型与实际样本数据适配程度良好；模型 RMSEA 值为 0.024（<0.05），AGFI 值为 0.973（>0.90），其他指标也都基本符合评价标准，说明整体模型的适配度是合理的。

表 6-3　整体模型适配度指标的评价标准与判断结果

统计检验量		适配标准或临界值	检验结果	适配判断
绝对适配	χ^2 值	p>0.05（未达到显著水平）	11.106（p=0.269）	是
	RMSEA	<0.08（<0.05 优良；<0.08 良好）	0.024	是
	GFI	>0.90	0.993	是
	AGFI	>0.90	0.973	是
增值适配	NFI	>0.90	0.996	是
	RFI	>0.90	0.988	是
简约适配	PGFI	>0.50	0.248	否
	χ^2 自由度比值	<2.00	1.234	是
	AIC	理论模型值小于独立模型值，且小于饱和模型值	65.106<72.000　65.106<2822.277	是
	CAIC	理论模型值小于独立模型值，且小于饱和模型值	200.211<252.140　200.211<2862.308	是

（3）模型内在结构适配度指标。它用来评定模型内估计参数的显著程度、各指标及潜变量的信度等。Bagozzi 和 Yi（1988）建议从以下标准来判断：个别观察变量的信度系数（Individual Item Reliability）在 0.5 以上，潜变量的组合信度（Composite Reliability）在 0.6 以上，潜变量的平均方差抽取量（Average Variance Extracted）在 0.5 以上。表 6-2 的结果表明，个别观察变量的信度系数基本都在 0.5 以上，组合信度全部大于 0.6，平均方差抽取量全部大于 0.5，说明本研究模型内在结构的适配度也是合理的。

6.3.3 假设关系检验

接下来，根据模型估计的潜变量路径系数对研究假设进行验证。结果表明（见表 6-4），企业家精神对高质量发展有显著的正向影响（β_{21}=0.947，p<0.001），H1 获得支持；政府规模对企业家精神有显著的正向影响（γ_{11}=0.077，p<0.01），H2 获得支持；政府规模对高质量发展的直接影响显著为负（γ_{21}=-0.121，p<0.001），H4 获得支持；技术创新对企业家精神有显著的正向影响（γ_{12}=0.944，p<0.001），H5 获得支持；技术创新对高质量发展的影响不显著（γ_{22}=-0.012，p>0.05），H7 获得支持。

表 6-4 模型路径系数与假设检验结果

路径	研究假设	路径系数	对应假设	检验结果
β_{21}	企业家精神→高质量发展	0.947***	H1	支持
γ_{11}	政府规模→企业家精神	0.077**	H2	支持
γ_{21}	政府规模→高质量发展	-0.121***	H4	支持
γ_{12}	技术创新→企业家精神	0.944***	H5	支持
γ_{22}	技术创新→高质量发展	-0.012	H7	支持

注：①路径系数为标准化估计值；② **、*** 分别表示 0.01、0.001 的显著性水平。

以上对潜变量之间的直接影响进行了检验，得知技术创新对高质量发展的直接影响（γ_{22}）不显著。据此，删除路径 γ_{22} 并绘制修正后整体理论模型的变量间关系图（见图6-2），计算各变量对高质量发展的影响效应（见表6-5），其中总影响效应等于直接影响效应与间接影响效应之和。

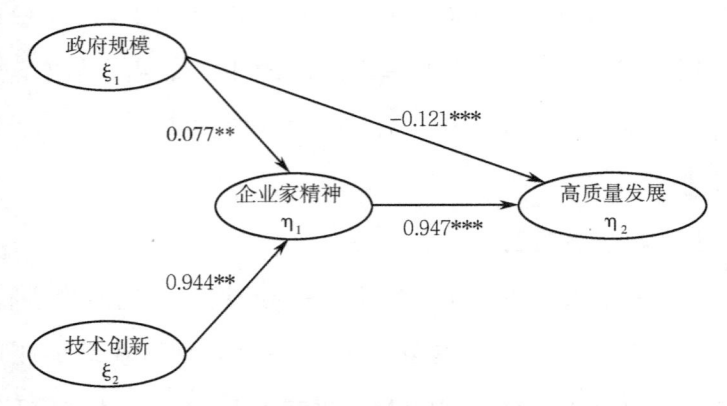

图 6-2 修正后整体理论模型的变量间关系图

表 6-5 各变量对高质量发展的影响效应

变量	直接效应	间接效应	总效应
政府规模	−0.121	0.073	−0.048
技术创新	—	0.894	0.894
企业家精神	0.947	—	0.947

根据图6-2和表6-5可知：①政府规模对高质量发展有消极的直接影响，但是会通过企业家精神对高质量发展产生积极的间接影响，其所通过的路径为 $\gamma_{11}\beta_{21}$（值为0.073），因此，政府规模对高质量发展的总影响效应为 −0.048。根据 Baron 和 Kenny（1986）关于中介变量的研究，若变量A既对变量C有直接影响，又能够通过变量B影响变量C，那么变量B在变量A和变量C之间存在部分中介作用。因此，企业家

精神在政府规模和高质量发展之间的部分中介作用成立，H3 获得支持。②技术创新对高质量发展没有显著的直接影响，但是也会通过企业家精神对高质量发展产生积极的间接影响，其所通过的路径为 $\gamma_{12}\beta_{21}$（值为 0.894），因此 H6 获得支持。

综上，本章的七组假设关系 H1~H7 均获得了支持。

6.3.4 结果分析

（1）企业家精神显著驱动了高质量发展，更重要的是它扮演了关键的"桥梁"角色。一方面，企业家精神对高质量发展有积极的直接影响；另一方面，无论是政府规模扩张还是技术创新努力，都得通过企业家精神的中介作用才能对高质量发展产生积极的间接影响（政府规模→企业家精神→高质量发展；技术创新→企业家精神→高质量发展）。这就决定了我们必须从战略高度培育和激发全社会的企业家精神。

（2）政府规模扩张在总体上不利于高质量发展。虽然政府规模扩张对企业家精神具有积极影响，并通过"政府规模→企业家精神→高质量发展"的路径对高质量发展产生积极影响，但是由于政府规模扩张对高质量发展具有消极的直接影响，且直接影响效应大于间接影响效应，所以政府规模扩张对高质量发展的总影响是消极的。这反映出政府规模扩张所带来的资源配置决策和生产低效率以及寻租、官僚制度等政府失灵现象本身就是阻碍高质量发展的重要因素（薛钢等，2015）。

（3）技术创新努力不能直接促进高质量发展。[①]这一发现并没有否认 R&D、专利申请等技术创新努力的重要性，相反，本书只是指出知识产

[①] 需要特别说明的是，本章以 R&D、专利申请等活动来衡量技术创新的努力（Effort），而非直接衡量技术创新的效果（Effect）。因此，本结论并不否认技术创新的效果（反映为技术效率提高和技术进步等）对经济增长方式转变的直接促进意义，而是说，技术创新的努力不能直接转化为技术创新的效果（需要企业家精神的中介作用），即不能直接促进经济增长方式转变。

出并不能自动地转化为经济产出，转化的过程离不开企业家精神的中介和桥梁作用（基本路径为"技术创新→企业家精神→高质量发展"）。这也支持了 Acs 等（2004）、Audretsch 等（2008）、张晖明和张亮亮（2011）关于企业家精神是知识投资和创新驱动之间缺失的一环的判断，有助于解释"欧洲悖论""俞正声之问"等现象[1]。另外，Audretsch 等（2008）以高科技和 ICT 企业为研究样本，通过实证检验支持了技术创新努力（Innovation Efforts）有利于企业家资本（Entrepreneurship Capital）的判断。本章以全部私营企业为研究样本，实证结果同样支持了这一判断，是对该研究判断的一次拓展，说明技术创新活动有利于企业家精神培育的特征不仅存在于高科技和 ICT 行业，也存在于一般行业，该影响效应具有行业普遍性。

6.4 本章小结

本章将政府规模、企业家精神、高质量发展这三个核心概念纳入一个共同的分析框架，系统研究了它们之间的关系网络和传导机制，回答了本书的研究问题 3。首先，以企业家精神为连接纽带，建立"政府规模—技术创新—企业家精神—高质量发展"四者之间的关系网络，并提出研究假设。其次，选取合适的观察变量建立测量模型，同时为保证研究的一致性，使样本和数据来源均衔接前几章。最后，运用 SEM 建立了整体理论模型，并完成模型评估和检验，支持了本章的研究假设。

本章的主要研究结论如下：第一，企业家精神不仅对高质量发展有积极的直接影响，而且政府规模扩张和技术创新努力都通过企业家精神的中

---

[1] 1995 年欧盟《创新绿皮书》指出，欧洲在科学的优秀程度和高技能人力资本方面在全球扮演领导角色，却没能将这些知识投资转变为经济增长，这后来被称为"欧洲悖论"。"俞正声之问"系指 2008 年时任上海市委书记俞正声在两会上发问"为什么上海出不了马云"，质疑上海市的科研人员和经费投入全国领先，高新技术企业的影响力却连续下滑，少有知名的科技企业和品牌。两者都说明知识投资并不能自动带来经济增长。

介作用对高质量发展产生积极的间接影响，因此企业家精神扮演了关键的"桥梁"角色；第二，政府规模扩张对高质量发展的影响具有两面性，直接效应为负、间接效应为正，总效应为负；第三，技术创新努力不能直接促进高质量发展，而是有赖于企业家精神的中介作用。

7 结论与展望

本章对上述各章节的重要工作与结论进行总结，归纳政策启示，提出相关政策建议，并指出研究中存在的不足之处，讨论未来有待深入研究的方向。

7.1 主要结论与启示

通过对现实经济问题的理论抽象，本书提出了"政府规模—企业家精神—高质量发展"的分析框架，以高质量发展及经济增长方式的测算为基础，围绕三个研究问题即"企业家精神是否以及如何驱动高质量发展？""政府规模扩张激发还是抑制了企业家精神？""政府规模、企业家精神、高质量发展之间存在怎样的影响效应和传导机制？"展开理论分析与实证研究，环环相扣、层层递进，进行了较为系统的论述与检验，得出如下主要结论和启示。

（1）我国经济增长方式呈现出持续的、普遍的粗放化趋势，2009年之后该趋势明显加剧。本书以经济增长方式的集约化转变作为高质量发展的主要内涵。通过对我国各省（区、市）1998—2013年经济增长方式的动态变化进行测算可知，其结果延续了早期研究的判断，但也反映出近年来出现的一些新特征：①从空间维度上看，无论是各省（区、市）还是各大区域，要素驱动普遍增强，效率驱动普遍减弱，尤以中部地区最为严重；②从时间维度上看，粗放型特征持续加重，特别是TFP及其对经济增长的贡献率在2009

年之后双双下降；③从动力维度上看，要素驱动主要来自资本投入的增加，且趋势逐步增强，效率驱动则主要来自技术进步，但近年来显著减弱。

总体而言，我国高质量发展及经济增长方式集约化转变的成效不佳。究其原因，既是追赶型经济体在追赶后期生产率下降的规律使然，也是经济下行时期的顺周期特点所致，但更主要的可能是政策选择的问题。这在两个维度上表现得尤其明显：一是时间维度上出现 TFP 及其对经济增长的贡献率在 2009 年之后双双下降的现象，原因就在于为应对国际金融危机而实施的大力度投资刺激政策加剧了部分领域的产能过剩；二是空间维度上出现经济越落后、资本驱动越严重的梯度结构，表明中西部地区已出现有悖于资源禀赋结构的"资本过度深化"现象。换个角度来看，这也验证了在提高 TFP 的任务变得越加紧迫时，往往也最容易形成对其不利的政策倾向（蔡昉，2013），这也正是许多国家长期无法跨越"中等收入陷阱"的原因所在。这再次提醒我们，高质量发展将是一个极富挑战的艰难过程。

（2）企业家精神在高质量发展进程中扮演关键的"桥梁"角色。在理论分析方面，本书通过不同的分析范式对微观机理进行了推演，认为企业家警觉地捕捉市场不均衡所蕴藏的利润机会，通过优化资源配置、改进生产方式等手段，驱动技术效率和技术进步水平的螺旋上升，从而驱动经济增长方式的集约化转变，即驱动经济的高质量发展。在实证研究方面：①第 4 章的计量分析发现，企业家精神显著驱动了技术进步，虽然在统计意义上对技术效率和高质量发展的正向作用并不显著，但是考虑到技术效率会随着时间流逝而消失，技术进步却会维持或增大，所以可以认为企业家精神驱动了长期之内的高质量发展。具体地，企业家精神增加 1‰（每千人就业人口中新增 1 位私营企业投资者），技术进步指数增大 2.1‰，对经

企业家精神与高质量发展：政府和市场的逻辑

济增速的贡献率大约为 1.8%。②第 6 章的 SEM 分析发现，企业家精神不仅对高质量发展有积极的直接影响，而且政府规模扩张和技术创新努力都通过企业家精神的中介作用对高质量发展产生积极的间接影响。可以说，企业家精神扮演了不可或缺的"桥梁"角色。

这启示我们，宏观的增长方式取决于微观的经济基础，必须从战略高度重视和培育企业家精神，使企业家真正成为熊彼特意义上的"经济增长的国王"。从国家层面而言，中国经济要转向高质量发展，经济活动的微观基础也要发生相应的变化，需要出现更多有效配置资源、创造高价值、具备优秀商业模式的企业，而这离不开企业家精神的微观支持。企业家作为一种稀缺性人力资源，是推动高质量发展的关键主体，因此，迫切要求培育和激发全社会的企业家精神，以创新创业的方式重塑中国经济的微观基础。从地区层面而言，创新空间崛起与创新城市引领是当今时代经济版图的重要特征。以上海为例，其立志于建设具有全球影响力的科技创新中心，但也面临着创新资源禀赋领先而创新驱动能力薄弱的现实短板（苏宁，2015）。那么，如何化解这种知识投资和创新产出之间的失配现象呢？一个代表性的观点是，上海最缺的不是资本、技术、人才和土地，而是企业家（王战等，2015）。上海作为我国城市转型发展的缩影，其经验教训对于国内其他城市具有普遍的启示意义。可喜的是，近年来无论是国家层面出台《关于营造企业家健康成长环境弘扬优秀企业家精神更好发挥企业家作用的意见》，首次以专门文件明确企业家精神的地位和价值，还是上海市委市政府召开优化营商环境推进大会，努力打造营商环境新高地①，都凸显了企业家精神在当今中国的时代意义。本书研究结论对此做出

---

① 市委市政府召开上海市优化营商环境推进大会 对标国际打造营商环境新高地 [N]. 解放日报，2017–12–23.

了及时的回应。

同时，本书研究也指出了企业家精神发挥作用的两处局限：一是重视"硬"技术超越而忽视"软"技术创新，也就是热衷于技术引进，却对管理变革、制度创新等"软"的方面关注不足；二是主要通过外资外贸过程中的技术引进、模仿和学习这种"短、平、快"的方式实现技术进步，而不是通过相对耗时、耗力、高风险的自主创新方式。诚然，这种局限性是由过去一段时期所处的技术追赶阶段决定的，但是随着我国距离世界生产前沿面越来越近，技术进步的外源性因素将逐渐淡出。因此，如何引导企业家更加重视制度和管理创新，更加重视自主技术创新，不断发掘生产率进步的内源性因素，将是未来政策的主要着力点。

（3）政府规模对高质量发展的影响存在两面性。一方面，政府规模扩张有利于激发企业家精神，进而推动高质量发展。由于本书主要以私营企业投资者测度企业家精神，所以这说明政府支出对私人资本存在一定的挤入效应，原因在于公共服务存量的增加显著提升了自身溢出效应，有利于私营企业降低外部成本、提高投资回报。另一方面，政府规模扩张本身阻碍了高质量发展，原因在于政府收支急剧扩张导致的市场扭曲及相应的资源配置低效率。这说明政府支出虽然有助于纠正市场失灵，但是在此过程中也出现了政府失灵。

这种两面性的启示是：①对于政府支出的管控方向不在总量调节，而在结构优化。建议有定力地把政府的投资性支出限制在最低程度，严格限制行政经费支出，提高政府公共服务性支出的力度和效能，推动发展型政府向民生服务型政府转型。②奥地利学派认为，面对经济形势不景气，企业家很可能遁形，政府别无选择，只能通过刺激政策来干预经济，从而造成政府干预与企业家精神退化的恶性循环（陈宪，2013）。近年来，在我

企业家精神与高质量发展：政府和市场的逻辑

国经济不景气的形势下，政府规模相对于GDP有着更快的增长，这不得不引起我们的警惕。从行政体制改革的角度而言，要更加清晰地界定政府在市场经济中的作用范围，以法治化的方式管住政府干预市场活动的内在冲动。③地方政府不仅有着推动地方经济发展的强烈动机，而且在执行中央的经济和社会发展目标要求时也有强大的力度和良好的效果，因此，中央政府对地方政绩的考核方式应从以GDP为核心转向以生产率特别是TFP为核心[①]（蔡昉，2013），从而激励和引导地方政府转向更加集约化、可持续的经济增长方式。当然，这也要求加强官员教育，让官员的思维从增长速度转变到增长效率、增长质量上来。

（4）正确认识和运用"双引擎"战略，重塑经济增长新动力。本书的研究初衷是回答以下这个问题：在当前的高质量发展及经济增长方式转变过程中，"两只手"能否激励相容、"双引擎"能否协同驱动？通过对三个研究问题的回答，本书用理论和实证相结合的方式剖析了政府规模、企业家精神、高质量发展的影响与传导机制，从中可以看出：①政府规模扩张在较大程度上有利于激发企业家精神，政府与市场这"两只手"仍有激励相容的基础；②大众创业、万众创新的新引擎意味着企业家精神的极大激发，而企业家精神在高质量发展进程中扮演着不可或缺的"中枢"角色；③政府规模扩张对经济高质量发展的两面性，正好呼应了"双引擎"战略所强调的对传统引擎的"改造"，即"政府的手"主要聚焦于增加公共产品和服务的供给。

这些结论对本书研究初衷给出了有条件的肯定性回答。概括而言，高质量发展离不开政府与企业家的有效配合，政府重在塑造市场环境和提供

[①] 蔡昉（2013）进一步提出，在操作中可借鉴相关国际经验，如新加坡政府为TFP制定了年增长1%~2%的目标。实际上，经济学家保罗·罗默在为中国制定"十二五"规划提供建议时，就曾提出中央政府应该改变GDP考核的做法，代之以TFP的考核和评价。

公共服务，企业家则发挥市场经济的主体作用，真正成为熊彼特意义上的"经济增长的国王"。

7.2 政策建议

政府与企业家的关系问题、"双引擎"的协同驱动问题，本质都是在经济发展新常态下对政府与市场关系这个古老问题的重新论述。为什么这个问题在今天又引起了广泛关注和讨论，并上升为中国经济发展的关键问题呢？正如本书研究所揭示的，原因就在于现实经济中政府的一系列扩张活动影响了市场机制的良性运转，导致市场效率低下[①]。

那么，这是否意味着要缩小政府规模呢？其实，政府与市场的关系并不是简单的政府少一点、市场多一点的替代关系。刘世锦（2014）认为，综观世界各国，若以公共财政支出占GDP的比重来衡量政府强弱，则更多看到的是强政府与强市场的组合、弱政府与弱市场的组合，唯一未能观察到的是弱政府与强市场的组合。周黎安（2018）指出，中国"官场＋市场"的政经互动格局使得官场竞争与市场竞争相互嵌入，政府与市场的边界变得极其复杂，外部的"有效市场"是辖区内"有为政府"的必要条件。所以，问题的关键不在于政府是否强势，而在于是否"强而有道"。实践表明，"有效政府＋有效市场"才是我们应该追求的目标。基于这种认识，本书提出如下政策建议。

（1）财政政策：阶段性提高财政赤字率，创新财政投资模式。在财政收入方面，一是实施普惠性减税。进一步加大对小微企业的税收扶持力度，扩大享受减半征收企业所得税优惠的企业范围，同时推进房地产和金融业的"营改增"改革，扩大固定资产增值税抵扣范围。二是加大对资本

---

① 也有进一步的研究发现，市场扭曲与政府扩张之间存在循环累积因果关系（吕冰洋，2014）。

所得的征税。在我国税制结构中，75%的比例为商品税，对商品征税易于转嫁到消费者身上，从而抑制消费增长，因此增加资本征税、减少消费征税有助于扭转高投资、低消费的局面，降低投资消费比（吕冰洋和毛捷，2014）。在此过程中，推进个人所得税改革，可在北上广等地先行推进房地产税改革。

在财政支出方面，一是维持适当的财政投资力度。经济结构调整和增长方式转变需要以较大的总需求空间作为前提，在外需下降和消费需要较长时间才能启动的条件下，需要一定的投资支持。由于经济下行周期内较难激发民营部门的投资，所以仍然需要维持一定的财政投资，不能因为过去财政投资的一些失误而因噎废食。投资方向可以考虑在智慧城市等主题引导下，从互联网的角度对城市基础设施进行改造。二是加大投资于人的力度。逐步缩减财政的经济建设支出比例，在以人为核心的新型城镇化进程中加大以教育、医疗卫生、公共安全、社会保障和环境保护为主体的民生支出，不断提升人力资本水平。三是大力推广政府购买服务。扩大政府规模并不意味着政府对公共产品与服务供给的大包大揽和机构人员的持续膨胀。历史充分表明，随着经济发展水平的提高，专业化程度不断加深，市场化体系日趋完善，各类商业机构和社会组织能更有效地提供诸如教育、医疗、社会保险等公共服务。要重点推广政府和社会资本合作（Public-Private Partnership，PPP）模式，从而既可以减轻政府财政压力，又可以使社会公众拥有更高质量的公共工程和公共服务，还能为日益壮大的民间资本、社会资本创造市场发展空间，可谓一举多得。

通过以上财政收入和支出政策的调整，虽然在一定程度上维持了扩张性的积极财政政策，导致财政赤字率上升，但是将为高质量发展和经济增长方式转变赢得时间、创造空间。因此，未来几年内，我们应容忍财政赤字一定规模的扩大。

此外，还应看到我国经济结构扭曲、增长方式粗放化以及前期调整政策没有实现预期效果，在一定程度上也是现行分税制之下地方财政收不抵支，地方政府行为扭曲所造成的（中国宏观经济分析与预测课题组，2015），所以与财政政策调整相适应，还应该稳步推进财政体制变革，构建收支责任更为匹配的分权格局。一方面，要适当上移事权，减轻地方政府的社会性事务负担，如提高社会保障的统筹层次，将投资权适当上移，严格限制地方政府在竞争性和生产经营性领域的投资权等；另一方面，要适当下放财权，可以结合"营改增"过程提高增值税和所得税的地方分成比例。

（2）产业政策：推进供给侧改革，采取市场主导型的产业结构调整路径。一是加大僵尸企业和过剩产能的清理力度。产能严重过剩和僵尸企业退出缓慢，不仅占用了大量宝贵的实物资源、信贷资源和市场空间，而且使金融风险迟迟得不到有效化解。应积极借鉴以往国企脱困和债务风险处置的做法和经验，为清理僵尸企业和过剩产能创造条件；同时避免过多的政策干预，积极探索用市场化的方法出清产能，如建立全国性的过剩产能交易市场，在合理分配过剩产能退出指标的基础上，允许产能指标跨区交易。

二是采取市场主导型的产业结构调整路径。政府要从以往的"重扶持"转向"重环境"，也就是说，政府并不设定具体的产业升级方向和技术路线，也不向特定的行业提供政策扶持，而是向所有可能具有发展前景的行业提供普惠的优惠政策，由市场竞争最终决定反映地区比较优势的产业发展方向。在这种路径中，市场引导资源配置，需求结构和供给结构实现良性互动,政府的作用仅是辅助市场扩大总需求和纠正市场失灵。

(3)微观政策:通过改革激发市场活力和内生动力,营造良好的创新环境。一是帮助企业降低成本。除了上面提到的减税之外,还应从以下几方面入手。首先,降低制度性交易成本。进一步推进简政放权,减少不必要的行政审批,清理针对企业的收费、检查等事项,减少政府自由裁量权,为投资创业和企业发展创造更加宽松的环境。其次,降低社会保险费缴存比例,精简归并"五险一金"。最后,推进能源、物流体制改革,降低企业的能源、物流成本。

二是实施差别化的支持政策。对于小微企业和个体工商户,加大政策扶持力度,扩大政策覆盖面,大力支持和发展电商小贷、P2P 小额网贷、众筹融资等互联网金融模式,破除"贷不到、贷得贵、贷得烦"的融资困境。对于中小企业,加强创业教育和培训,完善居住证转办户口、直接落户等人才引进政策。

三是深化垄断行业和国有企业改革。重点在于:一方面,减少金融约束,包括放开中小银行准入管制、扩大企业债发行、开展金融业竞争、扩大消费金融信贷等;另一方面,减少产品市场约束,包括减少国有企业不合理的垄断部分、降低地方政府市场保护壁垒等。

四是营造良好的创新环境。首先,改革财政科技资金管理模式。强化对基础前沿类科技计划的稳定性、持续性支持;对市场需求明确的技术创新活动,则通过风险补偿、后补助、创投引导等方式发挥财政资金的杠杆作用,促进科技成果转移、转化和资本化、产业化。其次,鼓励企业主体加强创新投入。完善企业研发费用计核方法,调整目录管理方式,扩大研发费用加计扣除优惠政策的适用范围;落实创新活动投资的相关税收支持政策。最后,进一步加大知识产权保护力度,保障经济主体的创新收益，激励经济主体的创新热情，为技术创新创造良好的制度环境。

7.3 研究不足与展望

本书研究涉及的学科领域较广，分析对象和研究内容较多，但由于资料搜集和笔者个人能力等方面的原因，仍存在一些不足，有待继续深化。

（1）对高质量发展及经济增长方式的测算未考虑能源和环境因素。资源耗竭和环境污染已成为世界性难题，如何走一条既能发展经济又能保护资源环境的可持续发展道路是经济增长方式转变的应有之义。一些学者指出，能源和环境不仅是经济发展的内生变量，也是发展规模和速度的刚性约束，如果忽略这种约束很可能会高估实际的生产效率，并扭曲对经济增长方式的评价。为此，他们将能源消耗和环境容量纳入 TFP 核算框架，并将计算结果定义为"绿色全要素生产率"（Färe 等，2007；Chen 和 Golley，2014）。下一步研究可以考虑从绿色 TFP 的视角对高质量发展进行测算和分析。

（2）对企业家精神的测度存在一定缺憾[1]。本书主要以私营企业投资者人数占比作为企业家精神的测度指标，尽管在 SEM 分析中补充了私营企业从业人员数占比指标，且 SEM 本身允许存在测量误差，但是考虑到企业家精神内涵的广泛性、多层次性，一到两个指标并不能全面刻画一个区域的企业家精神。另一种企业家精神的测度方式是基于问卷调查的复合指数

---

[1] 有专家提出建议，"研究企业家精神的作用不能光使用一般的数据，还应进一步挖掘领袖企业和企业家的作用和影响，如华为和任正非、阿里巴巴和马云、海尔和张瑞敏、格力和董明珠等，这样可使研究更深入和鲜活。"本书出于量化分析的需要，使用企业家活动的相关数据来测度各地区企业家精神水平的高低，理论依据在于宏观数据的企业家精神指标在一定程度上仍然能够体现微观的加总效应（李宏彬等，2009）。但是，专家提出的案例研究的思想，是希望从更多侧面反映企业家精神的特质和作用，无疑对本书研究深度的拓展具有极其重要的意义，这也是笔者下一步研究的努力方向。

（如 GEM），但是存在工作量庞大、主观性强、偏重创业意愿而非行为的缺点。所以，一个更客观、更具操作性的测度方式是利用统计数据，从企业家精神内涵的多个维度出发构建多级指标体系，运用主成分分析等方法进行综合评价[①]。这是未来研究的一个改进点。

（3）只从总量角度考虑政府规模的影响，未考虑支出结构。为了简化分析，本书以政府消费或财政支出占 GDP 的比重衡量政府规模，这仅反映了不同样本的政府规模在"量"上的差异，未能体现财政支出结构在"质"上的差别。实际上，财政支出中的经济建设费、行政管理费、社会文教费等不同类别的项目对私人资本和全要素生产率都有不同的影响效应，对此已有许多学者进行了专门研究，还有学者从财政的集权与分权、"援助之手"与"攫取之手"等角度进行了探讨。这些都是政府规模研究的拓展方向。

此外，本书写作过程中相关实证数据的可获得年份截至 2013 年。2014 年 3 月我国启动了商事制度改革，极大地降低了市场主体的准入门槛，各地新登记注册企业呈现出井喷式增长，这为观察和分析政府规模、企业家精神、高质量发展的关系提供了一个很好的时间窗口。在未来的研究中，应更新数据观察期，对现有结论及时做出调整和补充。

---

① 在笔者参与撰写的研究报告《上海市企业家精神的动态变化与政策支持》（2015 年上海市软科学研究计划项目，编号：15692104100）中，将企业家精神的内涵概括为冒险性、开拓性、创新性三个方面，并着力体现企业家精神的全球化、资本化、"互联网+"等发展趋势，建立了一个由 18 个指标构成的综合评价指标体系，然后运用主成分分析等方法，计算了包括上海市在内的国内 20 个主要城市各个时期、各个层次的企业家精神指数，并进行了多维度比较和分析。

附　录

附录1　各省（区、市）固定资本存量的测算数据（1998—2013年）

附表1-1　主要年份各省（区、市）固定资本形成总额的平减指数（1952年=1）

省（区、市）	1998年	2003年	2006年	2007年	2008年	2009年	2010年	2011年	2012年	2013年
北京	1.741	2.048	2.169	2.230	2.404	2.368	2.428	2.566	2.599	2.596
天津	3.958	4.044	4.786	4.913	5.365	5.311	5.448	5.758	5.758	5.728
河北	3.103	3.288	3.834	3.980	4.363	4.210	4.366	4.606	4.620	4.617
山西	3.888	4.171	4.557	4.744	5.375	5.321	5.516	5.819	5.889	5.915
内蒙古	2.012	2.145	2.484	2.579	2.788	2.780	2.929	3.113	3.163	3.150
辽宁	10.431	11.561	12.715	13.265	14.474	14.040	14.507	15.465	15.619	15.623
吉林	3.731	4.033	4.439	4.614	4.951	4.946	5.066	5.350	5.372	5.370
黑龙江	4.419	4.588	4.984	5.209	5.678	5.542	5.831	6.269	6.319	6.328
上海	1.515	1.590	1.736	1.797	1.939	1.881	1.951	2.078	2.066	2.069
江苏	2.693	2.906	3.286	3.448	3.794	3.778	3.971	4.241	4.182	4.201
浙江	3.632	4.341	4.661	4.866	5.320	5.144	5.384	5.787	5.741	5.739
安徽	8.645	8.926	9.663	10.185	11.145	10.699	11.272	12.185	12.306	12.325
福建	6.134	5.993	6.354	6.730	7.127	7.006	7.238	7.687	7.710	7.715
江西	1.530	1.612	1.775	1.871	2.023	1.944	2.037	2.208	2.230	2.239
山东	2.815	3.135	3.665	3.813	4.107	3.979	4.124	4.405	4.440	4.457
河南	3.044	3.110	3.581	3.747	4.085	3.938	4.074	4.375	4.419	4.415
湖北	4.431	4.576	5.135	5.350	5.853	5.812	6.083	6.527	6.645	6.677
湖南	4.679	4.976	5.607	5.934	6.521	6.502	6.759	7.245	7.368	7.466

续表

省（区、市）	1998年	2003年	2006年	2007年	2008年	2009年	2010年	2011年	2012年	2013年
广东	2.898	3.034	3.379	3.460	3.758	3.668	3.776	3.984	4.044	4.099
广西	4.760	4.827	5.248	5.370	5.795	5.673	5.845	6.208	6.245	6.248
贵州	4.213	4.390	4.803	5.029	5.476	5.504	5.654	5.959	6.049	6.105
云南	26.983	28.649	33.152	34.544	37.619	36.904	37.915	39.659	40.214	40.637
陕西	2.245	2.721	3.172	3.299	3.614	3.614	3.744	3.965	4.068	4.150
甘肃	1.636	1.715	1.934	1.988	2.121	2.153	2.229	2.333	2.382	2.391
青海	5.701	4.304	4.603	4.797	5.300	5.348	5.552	5.913	6.043	6.136
宁夏	4.520	4.941	5.340	5.513	6.009	6.027	6.281	6.752	6.854	6.840
新疆	3.305	3.401	3.734	3.898	4.335	4.248	4.442	4.758	4.786	4.809

附表1-2 主要年份各省（区、市）固定资本存量的估计结果（1952年不变价）

单位：亿元

省（区、市）	1998年	2003年	2006年	2007年	2008年	2009年	2010年	2011年	2012年	2013年
北京	3465.94	5748.01	8066.87	9013.16	9586.85	10408.78	11468.75	12532.19	13864.39	15270.23
天津	741.16	1302.40	1935.53	2269.19	2718.94	3377.04	4194.32	5136.12	6190.89	7334.74
河北	2141.88	3824.26	5732.01	6664.50	7858.77	9227.70	10687.98	12488.31	14385.28	16310.38
山西	702.34	1239.19	2034.91	2425.17	2826.81	3429.67	4136.70	4930.27	5691.24	6537.11
内蒙古	834.68	1796.35	4233.55	5458.84	6867.73	8786.10	10875.37	13164.59	15817.47	18937.54
辽宁	580.82	896.61	1463.38	1757.65	2254.63	2641.89	3112.28	3642.48	4206.79	4800.60
吉林	658.25	1139.20	2033.88	2678.60	3517.84	4402.14	5423.29	6390.61	7409.42	8413.27
黑龙江	982.52	1507.51	2088.97	2412.44	2791.77	3387.09	3943.70	4564.21	5302.20	6167.66
上海	5518.95	8794.20	12084.20	13565.51	14873.76	16671.69	18114.23	19401.91	20670.23	22086.36
江苏	4174.48	8086.80	12871.69	14824.12	17000.06	19672.53	22731.24	26021.76	29486.46	32851.56
浙江	2186.08	4376.35	6784.68	7726.52	8640.82	9680.43	10867.26	12064.66	13286.77	14642.64
安徽	506.62	793.34	1209.29	1405.31	1636.24	1907.46	2236.13	2614.33	3033.20	3490.96
福建	737.07	1327.04	2106.51	2521.27	3030.83	3617.60	4235.41	4949.91	5739.48	6624.12

续表

省（区、市）	1998年	2003年	2006年	2007年	2008年	2009年	2010年	2011年	2012年	2013年
江西	1608.10	3109.78	5233.18	6096.41	7012.08	8343.93	9756.92	11308.23	12894.68	14506.73
山东	3739.60	7197.26	11660.76	13473.38	15440.31	18204.73	21253.13	24436.53	27796.59	31312.49
河南	2070.53	3685.94	6157.37	7628.95	9347.64	11623.70	14204.67	16949.13	19994.85	23325.14
湖北	1134.75	2092.47	3051.00	3533.60	4063.57	4755.94	5582.74	6594.50	7687.44	8897.11
湖南	954.55	1602.92	2408.48	2809.41	3341.92	4001.02	4830.34	5748.40	6745.68	7824.34
广东	3829.73	7321.21	11111.12	12760.41	14396.61	16642.31	19270.51	22036.21	25069.92	28420.56
广西	564.60	991.63	1616.75	1966.83	2365.62	3081.72	4075.88	5199.09	6318.20	7182.29
贵州	388.04	770.80	1124.32	1271.90	1440.94	1654.91	1917.55	2235.56	2662.99	3213.29
云南	107.81	181.91	275.91	321.43	355.76	411.67	504.05	617.19	747.23	894.46
陕西	1113.93	2118.48	3344.67	3933.57	4766.89	5702.91	6907.85	8216.41	9700.37	11234.81
甘肃	791.62	1582.90	2397.81	2749.69	3265.59	3738.30	4305.86	4985.01	5751.98	6647.85
青海	120.58	271.43	409.86	465.10	524.16	614.77	737.93	888.72	1105.01	1377.99
宁夏	129.02	254.15	409.33	477.26	567.83	702.27	862.51	1012.82	1188.84	1383.55
新疆	817.12	1440.01	2144.41	2423.69	2671.91	2961.22	3364.47	3825.76	4550.94	5496.05

附录2 各省（区、市）全要素生产率测算及相关结果（1999—2013年）

附表2-1 主要年份各省（区、市）全要素生产率指数（TFP）

省（区、市）	1999年	2003年	2006年	2007年	2008年	2009年	2010年	2011年	2012年	2013年
北京	1.037	1.013	1.032	1.045	1.033	1.040	1.027	1.010	1.000	1.004
天津	1.063	1.061	1.055	1.025	1.047	1.035	1.025	1.036	1.015	1.007
河北	1.068	1.080	1.084	1.073	1.042	1.040	1.063	1.047	1.029	1.020
山西	1.049	1.080	1.044	1.082	1.036	0.999	1.061	1.056	1.037	1.025
内蒙古	1.055	1.145	1.052	1.040	1.033	1.010	1.007	1.003	0.984	0.949
辽宁	1.033	1.051	1.029	1.023	0.983	1.020	1.034	1.018	0.998	0.991
吉林	1.071	1.061	1.073	1.068	1.058	1.046	1.050	1.058	1.049	1.020
黑龙江	1.081	1.077	1.076	1.068	1.073	1.058	1.066	1.068	1.042	1.028
上海	1.085	1.065	1.052	1.084	1.043	1.033	1.055	1.048	1.045	1.039
江苏	1.058	1.079	1.077	1.081	1.061	1.051	1.061	1.051	1.045	1.045
浙江	1.059	1.081	1.075	1.049	1.047	1.031	1.073	1.050	1.046	1.047
安徽	1.009	0.994	0.982	0.987	0.978	0.982	0.991	0.982	0.975	0.968
福建	1.070	1.068	1.075	1.084	1.062	1.048	1.098	0.989	1.044	1.079
江西	1.052	1.062	1.051	1.060	1.064	1.055	1.065	1.059	1.052	1.044
山东	1.066	1.081	1.079	1.080	1.063	1.055	1.058	1.052	1.045	1.049
河南	1.027	1.084	1.094	1.091	1.065	1.041	1.061	1.051	1.043	1.031
湖北	1.050	1.072	1.101	1.114	1.085	1.089	1.101	1.096	1.077	1.067
湖南	0.988	1.023	1.007	1.007	0.979	0.959	0.974	0.980	0.987	1.003
广东	1.054	1.054	1.064	1.077	1.040	1.036	1.061	1.029	1.037	1.022
广西	0.960	0.985	0.955	0.965	0.964	0.905	0.959	1.028	1.123	1.067
贵州	0.968	0.960	0.989	1.010	0.978	0.979	0.983	0.992	0.959	0.938
云南	0.957	0.979	0.968	0.974	1.008	0.985	0.937	0.945	0.949	0.950
陕西	1.065	1.063	1.075	1.087	1.085	1.070	1.076	1.083	1.065	1.051
甘肃	1.097	1.067	1.071	1.075	1.034	1.040	1.069	1.078	1.082	1.050

续表

省（区、市）	1999年	2003年	2006年	2007年	2008年	2009年	2010年	2011年	2012年	2013年
青海	1.042	1.071	1.100	1.081	1.089	1.055	1.091	1.079	1.052	1.025
宁夏	1.013	1.062	1.067	1.085	1.092	1.002	1.083	1.042	1.055	1.038
新疆	1.026	1.041	1.038	1.058	1.058	1.028	1.037	1.028	1.016	0.984

附表2-2 主要年份各省（区、市）技术效率指数（TE）

省（区、市）	1999年	2003年	2006年	2007年	2008年	2009年	2010年	2011年	2012年	2013年
北京	1.001	0.970	1.000	0.994	1.005	1.033	0.984	0.975	0.971	0.981
天津	1.017	0.989	0.990	0.957	0.995	1.002	0.964	0.987	0.981	0.982
河北	1.014	0.989	0.994	0.990	0.973	0.986	0.982	0.983	0.988	0.993
山西	0.994	0.986	0.952	0.995	0.965	0.943	0.977	0.990	0.994	0.997
内蒙古	1.003	1.057	0.990	0.976	0.991	0.991	0.958	0.965	0.955	0.927
辽宁	1.000	1.000	1.000	1.000	1.000	1.000	1.000	1.000	1.000	1.000
吉林	1.016	0.970	0.983	0.986	0.994	1.000	0.978	1.001	1.011	0.994
黑龙江	1.026	0.984	0.980	0.980	0.997	0.996	0.978	0.998	0.998	1.000
上海	1.000	1.000	1.000	1.000	1.000	1.000	1.000	1.000	1.000	1.000
江苏	1.007	0.998	1.004	1.007	1.005	1.013	0.993	0.997	1.008	1.019
浙江	1.008	0.996	0.994	0.972	0.983	0.981	0.993	0.987	1.004	1.019
安徽	1.008	0.996	1.023	1.024	1.062	1.003	1.021	1.020	1.021	1.010
福建	1.015	0.973	0.977	0.995	0.985	0.984	1.006	0.922	0.998	1.050
江西	1.000	0.977	0.973	0.983	1.002	1.009	0.991	1.001	1.012	1.017
山东	1.013	0.993	0.995	0.999	0.997	1.004	0.981	0.991	1.004	1.022
河南	0.973	0.986	0.994	1.002	0.990	0.981	0.975	0.984	1.000	1.004
湖北	0.995	0.974	0.996	1.020	1.019	1.030	1.015	1.022	1.030	1.037
湖南	0.978	0.983	1.017	1.029	1.069	0.986	0.982	0.990	1.002	1.011
广东	1.003	0.974	0.984	0.998	0.977	0.988	0.984	0.969	0.996	0.996
广西	0.953	0.984	0.993	0.993	1.057	0.912	0.928	0.993	1.073	1.037

续表

省（区、市）	1999年	2003年	2006年	2007年	2008年	2009年	2010年	2011年	2012年	2013年
贵州	0.962	0.959	1.034	1.054	1.092	1.006	1.009	1.030	1.007	0.981
云南	1.000	1.000	1.000	1.000	1.000	1.000	1.000	1.000	1.000	1.000
陕西	1.012	0.974	0.987	1.003	1.016	1.018	0.997	1.020	1.024	1.024
甘肃	1.041	0.977	0.983	0.993	0.967	0.987	0.988	1.013	1.039	1.023
青海	0.988	0.978	1.005	0.995	1.015	0.995	1.004	1.011	1.009	0.998
宁夏	0.961	0.969	0.974	0.999	1.018	0.946	0.998	0.978	1.012	1.011
新疆	0.978	0.966	0.966	0.984	0.999	0.985	0.964	0.970	0.977	0.959

附表2-3 主要年份各省（区、市）技术进步指数（TP）

省（区、市）	1999年	2003年	2006年	2007年	2008年	2009年	2010年	2011年	2012年	2013年
北京	1.036	1.044	1.032	1.052	1.027	1.007	1.044	1.036	1.030	1.024
天津	1.046	1.073	1.066	1.071	1.052	1.033	1.064	1.050	1.035	1.025
河北	1.053	1.091	1.091	1.084	1.070	1.055	1.083	1.065	1.042	1.027
山西	1.054	1.096	1.096	1.087	1.074	1.059	1.086	1.067	1.043	1.027
内蒙古	1.052	1.084	1.063	1.066	1.042	1.019	1.051	1.039	1.030	1.024
辽宁	1.033	1.051	1.029	1.023	0.983	1.020	1.034	1.018	0.998	0.991
吉林	1.054	1.094	1.092	1.083	1.065	1.046	1.074	1.057	1.038	1.026
黑龙江	1.054	1.094	1.098	1.089	1.077	1.063	1.090	1.070	1.045	1.028
上海	1.085	1.065	1.052	1.084	1.043	1.033	1.055	1.048	1.045	1.039
江苏	1.050	1.081	1.073	1.074	1.056	1.038	1.069	1.054	1.037	1.026
浙江	1.051	1.085	1.082	1.080	1.066	1.051	1.081	1.064	1.042	1.027
安徽	1.001	0.998	0.960	0.963	0.921	0.979	0.970	0.963	0.955	0.958
福建	1.055	1.098	1.100	1.090	1.078	1.064	1.091	1.072	1.046	1.028
江西	1.052	1.087	1.080	1.078	1.062	1.045	1.074	1.058	1.039	1.026
山东	1.053	1.089	1.085	1.081	1.066	1.050	1.079	1.062	1.041	1.027
河南	1.055	1.100	1.101	1.089	1.076	1.061	1.087	1.068	1.043	1.027

续表

省（区、市）	1999年	2003年	2006年	2007年	2008年	2009年	2010年	2011年	2012年	2013年
湖北	1.056	1.101	1.105	1.092	1.065	1.057	1.085	1.072	1.046	1.028
湖南	1.009	1.041	0.990	0.979	0.916	0.972	0.992	0.989	0.985	0.991
广东	1.050	1.082	1.082	1.080	1.064	1.049	1.078	1.062	1.041	1.027
广西	1.008	1.001	0.962	0.971	0.912	0.993	1.033	1.035	1.046	1.028
贵州	1.007	1.000	0.956	0.958	0.896	0.973	0.974	0.963	0.952	0.956
云南	0.957	0.979	0.968	0.974	1.008	0.985	0.937	0.945	0.949	0.950
陕西	1.053	1.091	1.090	1.083	1.068	1.052	1.079	1.061	1.040	1.026
甘肃	1.054	1.092	1.089	1.083	1.068	1.054	1.082	1.064	1.042	1.027
青海	1.055	1.095	1.094	1.086	1.074	1.060	1.087	1.067	1.043	1.027
宁夏	1.055	1.096	1.095	1.087	1.073	1.058	1.085	1.066	1.043	1.027
新疆	1.049	1.079	1.075	1.076	1.059	1.044	1.075	1.060	1.040	1.027

附表2-4 主要年份各省（区、市）全要素生产率对经济增长的贡献率

单位：%

省（区、市）	1999年	2003年	2006年	2007年	2008年	2009年	2010年	2011年	2012年	2013年
北京	33.9	11.8	25.0	33.8	36.7	39.2	26.2	12.3	0.0	5.2
天津	63.0	41.2	37.9	16.4	28.5	21.2	14.4	22.0	10.9	5.6
河北	74.7	69.0	62.7	57.0	41.6	40.0	51.6	41.6	30.2	24.4
山西	67.5	53.8	37.3	56.9	43.4	−1.9	43.9	43.1	36.6	28.1
内蒙古	62.3	81.0	27.4	20.9	19.2	5.9	4.7	2.1	−13.9	−56.7
辽宁	40.2	44.4	21.0	15.9	−13.0	15.3	23.9	14.8	−2.1	−10.3
吉林	86.8	59.8	48.7	42.2	36.3	33.8	36.2	42.0	40.8	24.1
黑龙江	107.9	75.4	62.8	56.7	61.9	50.9	52.0	55.3	42.0	35.0
上海	81.7	52.8	43.3	58.7	44.3	40.2	53.4	58.5	60.0	50.6
江苏	57.5	58.0	51.7	54.5	49.6	41.1	48.0	46.4	44.6	46.9
浙江	58.8	55.1	53.9	33.3	46.5	34.8	61.3	55.6	57.5	57.3

续表

省（区、市）	1999年	2003年	2006年	2007年	2008年	2009年	2010年	2011年	2012年	2013年
安徽	9.9	−6.4	−14.1	−9.4	−17.3	−14.0	−6.2	−13.3	−20.7	−30.8
福建	70.6	59.3	50.7	55.1	47.9	39.0	70.5	−8.9	38.6	71.8
江西	66.7	47.7	41.5	46.2	50.8	42.0	46.4	47.2	47.3	43.6
山东	65.4	59.1	53.5	55.9	52.3	45.1	47.2	47.7	45.9	51.0
河南	33.3	78.5	65.3	62.3	53.7	37.6	48.8	42.9	42.6	34.4
湖北	64.5	74.1	76.5	78.6	63.4	65.9	68.2	69.6	68.1	66.3
湖南	−14.3	24.0	5.7	4.8	−16.4	−29.9	−17.8	−15.6	−11.5	3.0
广东	53.3	36.4	43.9	52.5	39.8	37.1	49.2	29.0	45.1	25.9
广西	−50.0	−14.7	−33.1	−23.2	−28.1	−68.3	−28.9	22.8	108.8	65.7
贵州	−36.4	−39.6	−9.5	7.3	−21.6	−18.4	−13.3	−5.3	−30.1	−49.6
云南	−58.9	−23.9	−26.9	−20.8	7.3	−12.4	−51.2	−40.1	−39.2	−41.3
陕西	63.1	53.4	58.6	59.6	54.5	51.5	52.1	59.7	50.4	46.4
甘肃	107.4	62.4	61.7	61.0	33.5	38.8	58.5	62.4	65.1	46.3
青海	51.8	59.9	82.0	64.8	70.1	54.5	59.5	58.5	42.3	23.1
宁夏	14.4	49.0	52.8	66.9	75.4	1.7	61.5	34.7	47.8	38.8
新疆	35.1	36.6	34.5	47.5	52.7	34.6	34.9	23.3	13.3	−14.5

附录 3 结构方程模型分析的变量协方差矩阵

附表 3 结构方程模型分析的变量协方差矩阵

符号	变量	政府消费	财政支出	R&D强度	专利密度	产权密度	用工规模	劳产率	TFP
X1	政府消费	20.02	23.07	0.38	−2.78	5.24	24.97	−0.35	−0.24
X2	财政支出	23.07	66.14	−0.29	−11.25	7.87	30.51	−0.10	0.41
X3	R&D强度	0.38	−0.29	1.13	12.19	17.96	79.26	0.68	0.08
X4	专利密度	−2.78	−11.25	12.19	280.58	304.52	1432.47	13.58	2.62
Y1	产权密度	5.24	7.87	17.96	304.52	510.00	2224.11	21.91	3.06
Y2	用工规模	24.97	30.51	79.26	1432.47	2224.11	10651.79	97.26	14.22
Y3	劳产率	−0.35	−0.10	0.68	13.58	21.91	97.26	1.19	0.17
Y4	TFP	−0.24	0.41	0.08	2.62	3.06	14.22	0.17	0.26

参考文献

[1] 波特.国家竞争优势[M].李明轩,邱如美,译.北京:华夏出版社,2002.

[2] 毕泗锋.引入管理者要素的企业生产模型[J].财经科学,2008(11).

[3] 毕先萍,张琴,胡珊珊.创业机会来源研究:一个创造观和发现观融合的视角[J].经济评论,2013(4).

[4] 蔡昉,陆旸.以潜在增长率确定中国经济增长速度目标[J].中国经济学人(英文版),2015(2).

[5] 蔡昉,王美艳,曲玥.中国工业重新配置与劳动力流动趋势[J].中国工业经济,2009(8).

[6] 蔡昉.全要素生产率是新常态经济增长动力[N].北京日报,2015-11-23.

[7] 蔡昉.中国经济增长如何转向全要素生产率驱动型[J].中国社会科学,2013(1).

[8] 蔡莉,单标安.中国情境下的创业研究:回顾与展望[J].管理世界,2013(12).

[9] 陈保启,李为人.生产性服务业的发展与我国经济增长方式的转变[J].中国社会科学院研究生院学报,2006(6).

[10] 陈昌兵.新时代我国经济高质量发展动力转换研究[J].上海经济研究,2018(5).

[11] 陈刚.管制与创业——来自中国的微观证据[J].管理世界,2015(5).

［12］陈继勇，盛杨怿.外商直接投资的知识溢出与中国区域经济增长［J］.经济研究，2008（12）.

［13］陈强.高级计量经济学及 Stata 应用［M］.北京：高等教育出版社，2010.

［14］陈宪.企业家精神和政府有效性［J］.金融市场研究，2013（5）.

［15］程虹，刘三江，罗连发.中国企业转型升级的基本状况与路径选择——基于 570 家企业 4794 名员工入企调查数据的分析［J］.管理世界，2016（2）.

［16］程俊杰.制度变迁、企业家精神与民营经济发展［J］.经济管理，2016，38（8）.

［17］程锐.市场化进程、企业家精神与地区经济发展差距［J］.经济学家，2016（8）.

［18］单豪杰.中国资本存量 K 的再估算：1952~2006 年［J］.数量经济技术经济研究，2008（10）.

［19］丁辉侠.制度因素与中国经济增长——基于转变经济增长方式视角的分析［J］.郑州大学学报（哲学社会科学版），2012（1）.

［20］董昀.体制转轨视角下的企业家精神及其对经济增长的影响：基于中国典型事实的经济分析［M］.北京：经济管理出版社，2012.

［21］段文斌，尹向飞.中国全要素生产率研究评述［J］.南开经济研究，2009（2）.

［22］樊纲，王小鲁，马光荣.中国市场化进程对经济增长的贡献［J］.经济研究，2011（9）.

［23］樊纲.中国市场化指数［M］.北京：经济科学出版社，2001，2003，2004，2007，2010.

［24］樊鹏.构建合理适度政府规模的经验尺度——基于美中两国的比

较分析[J].政治学研究,2015(2).

[25]范子英,张军.粘纸效应:对地方政府规模膨胀的一种解释[J].中国工业经济,2010(12).

[26]傅勇,张晏.中国式分权与财政支出结构偏向:为增长而竞争的代价[J].管理世界,2007(3).

[27]高培勇,杜创,刘霞辉,等.高质量发展背景下的现代化经济体系建设:一个逻辑框架[J].经济研究,2019,54(4).

[28]高彦彦,苏炜,郑江淮.政府规模与经济发展——基于世界面板数据的实证分析[J].经济评论,2011(2).

[29]龚刚,黄春媛,张前程,等.从技术引进走向自主研发——论新阶段下的中国经济增长方式[J].经济学动态,2013(5).

[30]龚刚,陈琳.供给推动——论经济增长方式转型中的财政政策[J].南开经济研究,2007(2).

[31]郭金龙.经济增长方式转变的国际比较[M].北京:中国发展出版社,2000.

[32]郭凯明,余靖雯,龚六堂.人口转变、企业家精神与经济增长[J].经济学(季刊),2016,15(3).

[33]郭庆旺,赵志耘,贾俊雪.中国省份经济的全要素生产率分析[J].世界经济,2005(5).

[34]韩磊,王西,张新谊.制度环境驱动了企业家精神吗?——基于法与金融的实证研究[J].现代财经(天津财经大学学报),2017,37(2).

[35]何予平.企业家精神与中国经济增长——基于C-D生产函数的实证研究[J].当代财经,2006(7).

[36]胡鞍钢,谢宜泽,任皓.高质量发展:历史、逻辑与战略布局[J].

行政管理改革, 2019 (1).

[37] 胡援成, 肖德勇. 经济发展门槛与自然资源诅咒——基于我国省际层面的面板数据实证研究 [J]. 管理世界, 2007 (4).

[38] 黄芳铭. 结构方程模式理论与应用 [M]. 台北: 五南书局, 2004.

[39] 黄晓鹏. 加快经济增长方式转变关键在政府推动制度变迁 [J]. 中国社会科学院研究生院学报, 2006 (4).

[40] 黄勇峰, 任若恩. 中美两国制造业全要素生产率比较研究 [J]. 经济学 (季刊), 2002 (4).

[41] 姜彦福, 高建, 程源, 等. 全球创业观察 2003 中国及全球报告 [M]. 北京: 清华大学出版社, 2004.

[42] 蒋殿春, 黄静. 外商直接投资与我国产业内技术二元结构——基于 DEA 方法的证据 [J]. 数量经济技术经济研究, 2007, 24 (7).

[43] 焦斌龙, 冯文荣. 企业家转型与经济增长方式转变 [J]. 当代经济研究, 2007 (2).

[44] 金碚. 资源与环境约束下的中国工业发展 [J]. 中国工业经济, 2005 (4).

[45] 金碚. 关于"高质量发展"的经济学研究 [J]. 中国工业经济, 2018 (4).

[46] 靳卫东, 高波, 吴向鹏. 企业家精神: 含义、度量和经济绩效的评述 [J]. 中南财经政法大学学报, 2008 (4).

[47] 靳卫东, 高波. 企业家精神与经济增长: 企业家创新行为的经济学分析 [J]. 经济评论, 2008 (5).

[48] 李宏彬, 李杏, 姚先国, 等. 企业家的创业与创新精神对中国经济增长的影响 [J]. 经济研究, 2009 (10).

[49] 李华晶.知识过滤、创业活动与经济增长——基于我国31个地区的实证研究[J].科学学研究,2010(7).

[50] 李金昌,史龙梅,徐蔼婷.高质量发展评价指标体系探讨[J].统计研究,2019,36(1).

[51] 李平.提升全要素生产率的路径及影响因素——增长核算与前沿面分解视角的梳理分析[J].管理世界,2016(9).

[52] 李善同,吴延瑞.生产率增长与中国经济增长的可持续性[R].国务院发展研究中心调查研究报告,2002.

[53] 李胜文,李大胜.中国工业全要素生产率的波动:1986-2005——基于细分行业的三投入随机前沿生产函数分析[J].数量经济技术经济研究,2008,25(5).

[54] 李胜文.创新、创业和生产率增长[D].广州:中山大学,2010.

[55] 李小平,李小克.企业家精神与地区出口比较优势[J].经济管理,2017,39(9).

[56] 李小平,卢现祥,朱钟棣.国际贸易、技术进步和中国工业行业的生产率增长[J].经济学(季刊),2008(2).

[57] 李小平,朱钟棣.国际贸易、R&D溢出和生产率增长[J].经济研究,2006(2).

[58] 李小平.自主R&D、技术引进和生产率增长——对中国分行业大中型工业企业的实证研究[J].数量经济技术经济研究,2007(7).

[59] 李元旭,曾铖.政府规模、技术创新与高质量发展——基于企业家精神的中介作用研究[J].复旦学报(社会科学版),2019,61(3).

[60] 李政.后危机时代中国创业型经济发展战略探析[J].学习与探索,2010(1).

［61］厉无畏，王振.转变经济增长方式研究［M］.上海：学林出版社，2006.

［62］林苞.知识溢出与创业——基于中国地区数据的研究［J］.科学学与科学技术管理，2013（9）.

［63］林嵩，姜彦福.结构方程模型理论及其在管理研究中的应用［J］.科学学与科学技术管理，2006，27（2）.

［64］林涛，刘汉辉，余玲铮."双独"家庭与消逝的企业家精神——来自2014年流动人口动态监测数据的证据［J］.西北人口，2017，38（1）.

［65］林卫斌，陈彬，蒋松荣.论中国经济增长方式转变［J］.中国人口·资源与环境，2012（11）.

［66］林毅夫，任若恩.东亚经济增长模式相关争论的再探讨［J］.经济研究，2007（8）.

［67］林毅夫，苏剑.论我国经济增长方式的转换［J］.管理世界，2007（11）.

［68］刘秉镰，李清彬.中国城市全要素生产率的动态实证分析：1990-2006——基于DEA模型的Malmquist指数方法［J］.南开经济研究，2009（3）.

［69］刘光岭，卢宁.全要素生产率的测算与分解：研究述评［J］.经济学动态，2008（10）.

［70］刘国光，李京文.中国经济大转变：经济增长方式转变的综合研究［M］.广州：广东人民出版社，2001.

［71］刘熀松.上海率先转变经济增长方式研究［J］.上海经济研究，2010（1）.

［72］刘亮.企业家精神与区域经济增长［D］.上海：复旦大学，2008.

［73］刘明康.中国的全要素生产率研究——现状、问题和对策［R］.IGEF working paper No.44，2016.

[74] 刘年康,曹国华,汪云桥.企业家职能促进经济增长方式转变了吗——来自中国1993-2008省级面板数据的新证据[J].南方经济,2013(7).

[75] 刘瑞翔.探寻中国经济增长源泉:要素投入、生产率与环境消耗[J].世界经济,2013(10).

[76] 刘世锦."新常态"下如何处理好政府与市场的关系[J].求是,2014(18).

[77] 刘世锦.攀登效率高地[J].中国发展评论(中文版),2015(3).

[78] 刘舜佳.国际贸易、FDI和中国全要素生产率下降——基于1952~2006年面板数据的DEA和协整检验[J].数量经济技术经济研究,2008(11).

[79] 刘业进,朱海就.柯兹纳论竞争与企业家精神[J].制度经济学研究,2012(2).

[80] 刘志铭,李晓迎.企业家精神与经济增长——奥地利学派的视角[J].华南师范大学学报(社会科学版),2008(6).

[81] 卢成镐.对中国创业活动经济效应的实证研究[D].北京:清华大学,2012.

[82] 卢万青.经济增长方式的国际比较及其关联定位[J].改革,2013(6).

[83] 鲁传一,李子奈.企业家精神与经济增长理论[J].清华大学学报(哲学社会科学版),2000(3).

[84] 陆铭,倪鹏途.缺企业家的城市:中国的教育没有推动创业的经验证据[R].上海交通大学工作论文,2015.

[85] 罗良文,阚大学.国际贸易、FDI与技术效率和技术进步[J].科研管理,2012(5).

[86] 罗斯巴德.权力与市场[M].刘云鹏,戴忠玉,李卫公,译.北

京：新星出版社，2007．

[87] 吕冰洋，毛捷．高投资、低消费的财政基础[J]．经济研究，2014（5）．

[88] 吕冰洋，于永达．要素积累、效率提高还是技术进步？——经济增长的动力分析[J]．经济科学，2008（1）．

[89] 吕大国，耿强．出口贸易与中国全要素生产率增长——基于二元外贸结构的视角[J]．世界经济研究，2015（4）．

[90] 吕相伟．政策不确定性与企业家活动配置[J]．经济管理，2018，40（3）．

[91] 马树才，孙长清．经济增长与最优财政支出规模研究[J]．统计研究，2005（1）．

[92] 马拴友．政府规模与经济增长：兼论中国财政的最优规模[J]．世界经济，2000（11）．

[93] 潘剑英，王重鸣．创业指数研究述评与展望[J]．管理现代化，2014（2）．

[94] 彭宜钟，童健，吴敏．究竟是什么推动了我国经济增长方式转变？[J]．数量经济技术经济研究，2014（6）．

[95] 齐玮娜，张耀辉．创业、知识溢出与区域经济增长差异——基于中国30个省市区面板数据的实证分析[J]．经济与管理研究，2014（9）．

[96] 邱皓政．量化研究与统计分析[M]．台北：五南图书出版社，2005．

[97] 全炯振．中国农业全要素生产率增长的实证分析：1978~2007年——基于随机前沿分析（SFA）方法[J]．中国农村经济，2009（9）．

[98] 任保平．新时代中国经济从高速增长转向高质量发展：理论阐释与实践取向[J]．学术月刊，2018，50（3）．

[99] 尚勇敏，曾刚，海骏娇．基于低碳经济目标的中国经济增长方式

研究［J］.资源科学，2014，36（5）.

［100］邵传林，张存刚.法治如何影响了企业家精神？［J］.经济与管理研究，2016，37（1）.

［101］邵军，徐康宁.我国城市的生产率增长、效率改进与技术进步［J］.数量经济技术经济研究，2010（1）.

［102］沈坤荣.1978—1997年中国经济增长因素的实证分析［J］.经济科学，1999（4）.

［103］帕伦特，普雷斯科特.通向富有的屏障［M］.苏军，译.北京：中国人民大学出版社，2010.

［104］宋宇，张琪.制度因素、个人特性与创业行为：中国经验［J］.中国软科学，2010（S1）.

［105］苏宁.科创中心：全球城市的转型方向［N］.解放日报，2015-03-31.

［106］唐未兵，傅元海，王展祥.技术创新、技术引进与经济增长方式转变［J］.经济研究，2014（7）.

［107］唐未兵，伍敏敏.财政分权与资源配置效率关系研究进展［J］.经济学动态，2017（4）.

［108］唐小飞，王跃，郑杰，等.最优政府规模研究述评［J］.经济学动态，2011（5）.

［109］唐颖，赵文军.公共支出与我国经济增长方式转变——基于省际面板数据的实证检验［J］.财贸经济，2014（4）.

［110］佟雪铭.基于经济增长方式的人力资源开发研究［D］.大连：大连理工大学，2009.

［111］涂正革，肖耿.中国的工业生产力革命——用随机前沿生产模

型对中国大中型工业企业全要素生产率增长的分解及分析［J］．经济研究，2005（3）．

［112］汪德华，张再金，白重恩．政府规模、法治水平与服务业发展［J］．经济研究，2007（6）．

［113］王诚．增长方式转型中的企业家及其生成机制［J］．经济研究，1999（5）．

［114］王红一．转变经济发展方式与企业社会责任——从一个新角度看经济法的功能［J］．经济法研究，2011（1）．

［115］王然，邓伟根．企业家精神对我国产业技术效率的影响——基于随机前沿生产函数的实证研究［J］．产经评论，2011（2）．

［116］王廷惠．经济持续增长的源泉：企业家发现与创新［J］．产业经济评论（山东大学），2007，6（2）．

［117］王卫东．结构方程模型原理与应用［M］．北京：中国人民大学出版社，2010．

［118］王文剑．中国的财政分权与地方政府规模及其结构——基于经验的假说与解释［J］．世界经济文汇，2010（5）．

［119］王霞，胥敬华，曾铖，等．全要素生产率视角下的中心城市经济增长方式转变——基于中国17个城市面板数据的实证研究［J］．上海经济研究，2015（3）．

［120］王霞，开燕华，曾铖，等．企业家精神动态变化评价——来自北京、上海和天津的对比研究［J］．经济体制改革，2017（6）．

［121］王小鲁，樊纲，刘鹏．中国经济增长方式转换和增长可持续性［J］．经济研究，2009（1）．

［122］王小鲁．中国经济增长的可持续性与制度变革［J］．经济研究，

2000（7）.

［123］王玉明.论政府规模及其合理尺度［J］.地方政府管理，1998（9）.

［124］王战，翁史烈，杨胜利，等.转型升级的新战略与新对策：上海加快建设具有全球影响力的科技创新中心研究［M］.上海：上海社会科学院出版社，2015.

［125］王争，郑京海，史晋川.中国地区工业生产绩效：结构差异、制度冲击及动态表现［J］.经济研究，2006（11）.

［126］王志刚，龚六堂，陈玉宇.地区间生产效率与全要素生产率增长率分解（1978—2003）［J］.中国社会科学，2006（2）.

［127］卫兴华，侯为民.中国经济增长方式的选择与转换途径［J］.经济研究，2007（7）.

［128］卫兴华.经济发展方式与经济增长方式的关系［N］.人民日报，2011-02-14.

［129］魏杰，施成杰.建立市场起决定性作用的经济增长方式——十八届三中全会关于经济体制改革的若干问题［J］.经济学家，2014（2）.

［130］魏杰.转变经济增长方式是全面且深入的改革——"政府主导"是模式还是改革对象［J］.学术月刊，2011（8）.

［131］魏敏，李书昊.新时代中国经济高质量发展水平的测度研究［J］.数量经济技术经济研究，2018，35（11）.

［132］魏下海，余玲铮.中国全要素生产率变动的再测算与适用性研究——基于数据包络分析与随机前沿分析方法的比较［J］.华中农业大学学报（社会科学版），2011（3）.

［133］文雁兵.政府规模的扩张偏向与福利效应——理论新假说与实证再检验［J］.中国工业经济，2014（5）.

［134］文雁兵.政府规模扩张、福利效应与政策矫正——基于门槛效应模型的经验研究［J］.经济理论与经济管理，2016（9）.

［135］吴敬琏.增长减速、发展转型和改革重启［J］.经济经纬，2013（6）.

［136］吴敬琏.中国经济应摆脱出口投资依赖［J］.北方经济，2012（21）.

［137］吴敬琏.中国增长模式抉择［M］.上海：上海远东出版社，2006.

［138］吴明隆.结构方程模型［M］.重庆：重庆大学出版社，2010.

［139］吴木銮，林谧.政府规模扩张：成因及启示［J］.公共管理学报，2010，7（4）.

［140］吴三忙.全要素生产率与中国经济增长方式的转变［J］.北京邮电大学学报（社会科学版），2007（1）.

［141］吴树青.转变经济发展方式是实现国民经济又好又快发展的关键［J］.前线，2008（1）.

［142］夏良科.人力资本与R&D如何影响全要素生产率——基于中国大中型工业企业的经验分析［J］.数量经济技术经济研究，2010（4）.

［143］肖林兴.中国全要素生产率的估计与分解——DEA-Malmquist方法适用性研究及应用［J］.贵州财经学院学报，2013（1）.

［144］谢富胜，秦韬.效率分析与经济增长方式转变［J］.经济理论与经济管理，2010（2）.

［145］谢千里，罗斯基，郑玉歆.改革以来中国工业生产率变动趋势的估计及其可靠性分析［J］.经济研究，1995（12）.

［146］邢源源，陶怡然，李广宇.威廉·鲍莫尔对企业家精神研究的贡献［J］.经济学动态，2017（5）.

［147］熊彼特.经济发展理论［M］.何畏，易家详，等译.北京：商务

印书馆，2009.

[148] 徐康宁，王剑.自然资源丰裕程度与经济发展水平关系的研究[J].经济研究，2006（1）.

[149] 薛钢，陈思霞，蔡璐.城镇化与全要素生产率差异：公共支出政策的作用[J].中国人口·资源与环境，2015，25（3）.

[150] 颜鹏飞，王兵.技术效率、技术进步与生产率增长：基于DEA的实证分析[J].经济研究，2004（12）.

[151] 杨其静.财富、企业家才能与最优融资契约安排[J].经济研究，2003（4）.

[152] 杨子晖.政府规模、政府支出增长与经济增长关系的非线性研究[J].数量经济技术经济研究，2011（6）.

[153] 姚瑶.企业家才能拓展与动态比较优势增进研究[D].杭州：浙江大学，2013.

[154] 叶裕民.全国及各省区市全要素生产率的计算和分析[J].经济学家，2002（3）.

[155] 易纲，樊纲，李岩.关于中国经济增长与全要素生产率的理论思考[J].经济研究，2003（8）.

[156] 袁红林，蒋含明.中国企业家创业精神的影响因素分析——基于省级面板数据的实证研究[J].当代财经，2013（8）.

[157] 曾铖，郭兵，罗守贵.企业家精神与经济增长方式转变关系的文献述评[J].上海经济研究，2015（2）.

[158] 曾铖，郭兵.基于两阶段效率视角的城市创新能力测算——来自20个典型城市的实证研究[J].科技进步与对策，2014（17）.

[159] 曾铖，李元旭，周瑛.我国地方政府规模对异质性企业家精

神的影响分析——基于省级面板数据的实证分析［J］.研究与发展管理，2017，29（6）.

［160］曾铖，李元旭.试论企业家精神驱动经济增长方式转变——基于我国省级面板数据的实证研究［J］.上海经济研究，2017（10）.

［161］张成，于同申，郭路.环境规制影响了中国工业的生产率吗——基于 DEA 与协整分析的实证检验［J］.经济理论与经济管理，2010（3）.

［162］张光."官民比"省际差异原因研究［J］.公共行政评论，2008（1）.

［163］张海洋.R&D 两面性、外资活动与中国工业生产率增长［J］.经济研究，2005（5）.

［164］张汉."地方发展型政府"抑或"地方企业家型政府"？——对中国地方政企关系与地方政府行为模式的研究述评［J］.公共行政评论，2014（3）.

［165］张晖明，张亮亮."企业家资本"的生成与内涵分析——基于文献综述的视角［J］.复旦学报（社会科学版），2014，56（3）.

［166］张晖明，张亮亮.企业家资本与经济增长：一个文献综述［J］.上海经济研究，2011（9）.

［167］张军，施少华，陈诗一.中国的工业改革与效率变化——方法、数据、文献和现有的结果［J］.经济学（季刊），2003（4）.

［168］张军，施少华.中国经济全要素生产率变动：1952—1998［J］.世界经济文汇，2003（2）.

［169］张军，吴桂英，张吉鹏.中国省际物质资本存量估算：1952—2000［J］.经济研究，2004（10）.

［170］张军.增长、资本形成与技术选择：解释中国经济增长下降的长期因素［J］.经济学（季刊），2002（1）.

[171] 张军扩,侯永志,刘培林,等.高质量发展的目标要求和战略路径[J].管理世界,2019,35(7).

[172] 张俊伟.从增长奇迹到回归常态——论减挡运行的中国经济(节选)[J].新经济导刊,2015(11).

[173] 张乐,曹静.中国农业全要素生产率增长:配置效率变化的引入——基于随机前沿生产函数法的实证分析[J].中国农村经济,2013(3).

[174] 张亮亮.企业家资本与经济增长:理论分析与实证检验[D].上海:复旦大学,2010.

[175] 张龙鹏,蒋为,周立群.行政审批对创业的影响研究——基于企业家才能的视角[J].中国工业经济,2016(4).

[176] 张亲培.公共财政的政治学分析[M].长春:吉林人民出版社,2004.

[177] 张双志,张龙鹏.教育财政支出对创业的影响[J].教育与经济,2016(3).

[178] 张维迎,盛斌.论企业家:经济增长的国王[M].北京:生活·读书·新知三联书店,2004.

[179] 张维迎.政府干预抑制了企业家精神[J].商周刊,2012(11).

[180] 张小蒂,姚瑶.全球化中民营企业家人力资本对我国区域创新及全要素生产率的影响研究——基于东部九省市面板数据的经验分析[J].浙江大学学报(人文社会科学版),2011,41(5).

[181] 张晔.政府干预、经济自由与企业家精神[J].南京大学学报(哲学·人文科学·社会科学),2005(2).

[182] 张勇,古明明.政府规模究竟该多大?——中国政府规模与经济增长关系的研究[J].中国人民大学学报,2014(6).

[183] 张宗和,彭昌奇.区域技术创新能力影响因素的实证分析——

基于全国30个省市区的面板数据［J］.中国工业经济，2009（11）.

［184］章祥荪，贵斌威.中国全要素生产率分析：Malmquist指数法评述与应用［J］.数量经济技术经济研究，2008，25（6）.

［185］赵文军，于津平.贸易开放、FDI与中国工业经济增长方式——基于30个工业行业数据的实证研究［J］.经济研究，2012（8）.

［186］赵文军，于津平.市场化进程与我国经济增长方式——基于省际面板数据的实证研究［J］.南开经济研究，2014（3）.

［187］赵彦云，刘思明.中国专利对经济增长方式影响的实证研究：1988~2008年［J］.数量经济技术经济研究，2011（4）.

［188］郑江淮，曾世宏.企业家职能配置、R&D与增长方式转变——以长江三角洲地区为例［J］.经济学（季刊），2009（1）.

［189］郑京海，胡鞍钢.中国改革时期省际生产率增长变化的实证分析（1979-2001年）［J］.经济学（季刊），2005（1）.

［190］郑京海，胡鞍钢，BIGSTEN A.中国的经济增长能否持续？——一个生产率视角［J］.经济学（季刊），2008（3）.

［191］郑玉歆.全要素生产率的再认识——用TFP分析经济增长质量存在的若干局限［J］.数量经济技术经济研究，2007，24（9）.

［192］中国经济增长前沿课题组.中国经济长期增长路径、效率与潜在增长水平［J］.经济研究，2012，47（11）.

［193］中国人民大学"中国宏观经济分析与预测"课题组.财政困局下经济结构调整路径的再定位［J］.经济理论与经济管理，2015（6）.

［194］钟永隆，姜一心.度量硬、软技术进步水平方法的研究［J］.科学学与科学技术管理，1993（6）.

［195］周黎安，陶婧.政府规模、市场化与地区腐败问题研究［J］.

经济研究，2009（1）.

［196］周黎安.晋升博弈中政府官员的激励与合作——兼论我国地方保护主义和重复建设问题长期存在的原因［J］.经济研究，2004（6）.

［197］周黎安."官场+市场"与中国增长故事［J］.社会，2018，38（2）.

［198］周黎安.中国地方官员的晋升锦标赛模式研究［J］.经济研究，2007（7）.

［199］周敏慧，ARCAND J-L，陶然.企业家精神代际传递与农村迁移人口的城市创业［J］.经济研究，2017，52（11）.

［200］周卫民.经济增长的内生性要素［D］.南京：南京大学，2011.

［201］朱盼，孙斌栋.中国城市的企业家精神——时空分布与影响因素［J］.人文地理，2017，32（5）.

［202］朱启铭.促进经济增长方式转变的金融深化机制研究［J］.价格月刊，2006（4）.

［203］朱子云.中国经济增长的动力转换与政策选择［J］.数量经济技术经济研究，2017，34（3）.

［204］祝接金，胡永平.地方政府支出、效率改进与区域经济增长——中国地区面板数据的经验分析［J］.中国软科学，2006（11）.

［205］庄玉乙，张光."利维坦"假说、财政分权与政府规模扩张：基于1997—2009年的省级面板数据分析［J］.公共行政评论，2012，5（4）.

［206］庄子银.创新、企业家活动配置与长期经济增长［J］.经济研究，2007（8）.

［207］ACEMOGLU D，AGHION P，ZILIBOTTI F.Distance to frontier，selection，and economic growth［J］.Journal of the European economic association，2006，4（1）.

[208] ACEMOGLU D, JOHNSON S, ROBINSON J.Institutions as the fundamental cause of long-run growth [R]. NBER working paper, 2004.

[209] ACEMOGLU D, ZILIBOTTI F.Productivity differences [R]. National Bureau of Economic Research, 1999.

[210] ACEMOGLU D.Reward structures and the allocation of talent [J]. European economic review, 1995, 39(1).

[211] ACS Z J, ANSELIN L, VARGA A. Patents and innovation counts as measures of regional production of new knowledge [J]. Research policy, 2002, 31(7).

[212] ACS Z J, AUDRETSCH D B, BRAUNERHJELM P, et al. The missing link: the knowledge filter and entrepreneurship in endogenous growth [R]. CEPR discussion paper No. 4783, 2004.

[213] ACS Z J, AUDRETSCH D B. Small firms and entrepreneurship: an East-West perspective [M]. Cambridge: Cambridge University Press, 1993.

[214] ACS Z J, AUDRETSCH D B.The emergence of the entrepreneurial society [C]. Stockholm, Sweden, Swedish Foundation for Small Business Research, 2001.

[215] ACS Z J, BRAUNERHJELM P, AUDRETSCH D B, et al. The knowledge spillover theory of entrepreneurship [J]. Small business economics, 2009, 32(1).

[216] AGHION P, BESSONOVA E. On entry and growth: theory and evidence [J]. Revue de l'OFCE, 2006(5).

[217] AGHION P, HOWITT P. A model of growth through creative destruction [J]. Econometrica, 1992, 60(2).

[218] ARELLANO M, BOND S. Some tests of specification for panel data:

Monte Carlo evidence and an application to employment equations［J］. The review of economic studies, 1991, 58（2）.

［219］ARELLANO M, BOVER M. Another look at the instrumental variable estimation of error components models［J］.Journal of econometrics, 1995, 68（1）.

［220］ARMEY R K. The freedom revolution: the new Republican House majority leader tells why big government failed, why freedom works, and how we will rebuild America［M］. Washington DC: Regnery publishing, 1995.

［221］ASCHAUER D A. Public capital and economic growth: issues of quantity, finance, and efficiency［J］. Economic development and cultural change, 2000, 48（2）.

［222］AUDRETSCH D B, BELITSKI M. Entrepreneurial ecosystems in cities: establishing the framework conditions［J］. The journal of technology transfer, 2017, 42（5）.

［223］AUDRETSCH D B, BÖNTE W, KEILBACH M. Entrepreneurship capital and its impact on knowledge diffusion and economic performance［J］. Journal of business venturing, 2008, 3（6）.

［224］AUDRETSCH D B, CARREE M A, VAN STEL A J, et al. Impeded industrial restructuring: the growth penalty［J］. Kyklos, 2002, 55（1）.

［225］AUDRETSCH D B, FELDMAN M P. R&D spillovers and the geography of innovation and production［J］. American economic review, 1996, 86（3）.

［226］AUDRETSCH D B, FRITSCH M. The geography of firm births in Germany［J］. Regional studies, 1994, 28（4）.

[227] AUDRETSCH D B, KEILBACH M C, LEHMANN E E. Entrepreneurship and economic growth [M]. Oxford: Oxford University Press, 2006.

[228] AUDRETSCH D B, LEHMANN E E, WARNING S. University spillovers and new firm location [J]. Research policy, 2005, 34(7).

[229] AUDRETSCH D, DOHSE D, NIEBUHR A. Cultural diversity and entrepreneurship: a regional analysis for Germany [J]. The annals of regional science, 2010, 45(1).

[230] AUDRETSCH D, KEILBACH M. Entrepreneurship capital and economic performance [J]. Regional studies, 2004, 38(8).

[231] AUDRETSCH D B, THURIK R. What's new about the new economy? Sources of growth in the managed and entrepreneurial economies [J]. Industrial and corporate change, 2001, 10(1).

[232] BAFFES J, SHAH A. Productivity of public spending, sectoral allocation choices, and economic growth [J]. Economic development and cultural change, 1998, 46(2).

[233] BAGOZZI R P, YI Y. On the evaluation of structural equation models [J]. Journal of the academy of marketing science, 1988, 16(1).

[234] BARON R M, KENNY D A. The moderator-mediator variable distinction in social psychological research: conceptual, strategic, and statistical considerations [J]. Journal of personality and social psychology, 1986, 51(6).

[235] BARRO R J. Economic growth in a cross section of countries [J]. Quarterly journal of economics, 1991, 106(2).

[236] BARRO R J. Government spending in a simple model of endogeneous growth [J]. Journal of political economy, 1990, 98(S5).

[237] BASU S, WEIL D N. Appropriate technology and growth [J]. Quarterly journal of economics, 1998, 113 (4).

[238] BAUMOL W J. Entrepreneurship in economic theory [J]. American economic review, 1968, 58 (2).

[239] BAUMOL W J. Entrepreneurship: productive, unproductive, and destructive [J]. Journal of political economy, 1990, 98 (5).

[240] BENTLER P M, CHOU C P. Practical issues in structural modeling [J]. Sociological methods & research, 1987, 16 (1).

[241] BERGMANN H, STERNBERG R. The changing face of entrepreneurship in Germany [J]. Small business economics, 2007 (28).

[242] BERKOWITZ D, DEJONG D N. Entrepreneurship and post-socialist growth [J]. Oxford bulletin of economics and statistics, 2005, 67 (1).

[243] BHADURI S, WORCH H. Education, experience, and the cognitive capacity of entrepreneurs: some econometric evidence from the Indian pharmaceutical industry [C]. The 32nd Conference of the European Association of Research in Industrial Economics Porto, 2005.

[244] BJØRNSKOV C, FOSS N J. Do economic freedom and entrepreneurship impact total factor productivity? [R]. SMG working paper, 2010.

[245] BJUREK H. The Malmquist total factor productivity index [J]. The scandinavian journal of economics, 1996, 98 (2).

[246] BLACK J, DE MEZA D, JEFFREYS D. House prices, the supply of collateral and the enterprise economy [J]. The economic journal, 1996, 106(434).

[247] BLANCHFLOWER D G. Self-employment in OECD countries [J]. Labour economics, 2000, 7 (5).

[248] BLOCK J H, WAGNER M. Opportunity recognition and exploitation by necessity and opportunity entrepreneurs: empirical evidence from earnings equations [C] //Academy of Management Proceedings. Academy of Management, 2007 (1).

[249] BLUNDELL R, BOND S. Initial conditions and moment restrictions in dynamic panel data models [J] .Journal of econometrics, 1998, 87 (1).

[250] BOSMA N, STAM E, SCHUTJENS V. Creative destruction and regional productivity growth: evidence from the Dutch manufacturing and services industries [J] . Small business economics, 2011, 36 (4).

[251] BRANDT N. Business dynamics, regulation and performance [R] . OECD publishing, 2004.

[252] BRONZINI R, PISELLI P. Determinants of long-run regional productivity with geographical spillovers: the role of R&D, human capital and public infrastructure [J]. Regional science and urban economics, 2009, 39(2).

[253] BROWN T E, KIRCHHOFF B A. The effects of resource availability and entrepreneurial orientation on firm growth [J] . Frontiers of entrepreneurship research, 1997.

[254] BYRNE B M. Structural equation modeling with AMOS: basic concepts, applications, and programming [M] . NJ: Lawrence Erlbaum Associates, 2001.

[255] CAI F, ZHAO W. When demographic dividend disappears: growth sustainability of China [M] // AOKI M, WU J L. The Chinese economy: a new transition. Basingstoke: Palgrave Macmillan, 2012.

[256] CARLSSON B, ZOLTAN J A, AUDRETSCH D B, et al. Knowledge creation, entrepreneurship, and economic growth: a historical review [J] . Industrial &

corporate change, 2009, 18 (6).

[257] CARREE M A, THURIK A R.The impact of entrepreneurship on economic growth [R]. Working paper, 2004.

[258] CARREE M, VAN STEL A, THURIK R, et al. Economic development and business ownership: an analysis using data of 23 OECD countries in the period 1976-1996[J]. Small business economics, 2002, 19(3).

[259] CASELLI F, COLEMAN II W J. The world technology frontier [J]. The American economic review, 2006, 96 (3).

[260] CAVES D W, CHRISTENSEN L R, DIEWERT W E. The economic theory of index numbers and the measurement of input, output, and productivity [J]. Econometrica: journal of the econometric society, 1982, 50 (6).

[261] CHATTERJEE S, SAKOULIS G, TURNOVSKY S. Unilateral capital transfers, public investment, and economic growth [J]. European economic review, 2003, 47 (6).

[262] CHEN K, WANG H, ZHENG Y, et al. Productivity change in Chinese industry: 1953-1985 [J]. Journal of comparative economics, 1988, 12 (4).

[263] CHEN S T, LEE C C. Government size and economic growth in Taiwan: a threshold regression approach [J]. Journal of policy modeling, 2005, 27 (9).

[264] CHEN S, GOLLEY J. "Green" productivity growth in China's industrial economy [J]. Energy economics, 2014 (44).

[265] CHOI I. Unit root tests for panel data [J]. Journal of international money and finance, 2001, 20 (2).

[266] CHOW G, LIN A L. Accounting for economic growth in Taiwan and

mainland China: a comparative analysis [J]. Journal of comparative economics, 2002, 30 (3).

[267] CHOWDHURY F, DESAI S, AUDRETSCH D B. Corruption, entrepreneurship, and social welfare [M]. Berlin: Springer Verlag, 2018.

[268] COHEN D, SOTO M. Growth and human capital: good data, good results [J]. Journal of economic growth, 2007, 12 (1).

[269] CROSBY M. Patents: innovation and growth [J]. Economic record, 2000, 76 (3).

[270] CUMMING D, JOHAN S, ZHANG M. The economic impact of entrepreneurship: comparing international datasets [J]. Corporate governance: an international review, 2014, 22 (2).

[271] DARBY J, LI C W, MUSCATELLI V A. Political uncertainty, public expenditure and growth [J]. European journal of political economy, 2004, 20 (1).

[272] DELONG B, SUMMERS L H. Equipment investment and economic growth [J]. Quarterly journal of economics, 1991, 106 (2).

[273] DIAS J, MCDERMOTT J. Institutions, education, and development: the role of entrepreneurs [J]. Journal of development economics, 2006, 80 (2).

[274] DOLLAR D. Economic reform and allocative efficiency in China's state-owned industry [J]. Economic development and cultural change, 1990, 39 (1).

[275] EICHENGREEN B, PARK D, SHIN K. When fast-growing economies slow down: international evidence and implications for China [J]. Asian economic papers, 2012, 11 (1).

[276] ENIKOLOPOV R, ZHURAVSKAYA E. Decentralization and political

institutions [J]. Journal of public economics, 2007, 91 (11-12).

[277] ERKEN H, DONSELAAR P, THURIK R. Total factor productivity and the role of entrepreneurship [R]. Tinbergen Institute discussion paper series, 2009.

[278] FÄRE R, GROSSKOPF S, NORRIS M, et al. Productivity growth, technical progress, and efficiency change in industrialized countries [J]. The American economic review, 1994, 87 (5).

[279] FÄRE R, GROSSKOPF S, PASURKA C A. Environmental production functions and environmental directional distance functions [J]. SSRN electronic journal, 2007, 32 (7).

[280] FARRELL M. The measurement of production efficiency [J]. Journal of the royal statistical society, 1957 (120).

[281] FISHER R A. On the mathematical foundations of theoretical statistics [J]. Philosophical transactions of the royal society of London, 1922 (222).

[282] FOSTER L, HALTIWANGER J C, KRIZAN C J. Aggregate productivity growth: lessons from microeconomic evidence [M] // HULTEN C R, EDWIN R. New developments in productivity analysis. Chicago: University of Chicago Press, 2001.

[283] FOSTER L, HALTIWANGER J, KRIZAN C J. Market selection, reallocation, and restructuring in the US retail trade sector in the 1990s [J]. The review of economics and statistics, 2006, 88 (4).

[284] GALBRAITH J K. Some notes on entrepreneurship and welfare state [J]. Industrial and corporate change, 2006, 15 (1).

[285] GEROSKI P A. What do we know about entry? [J]. International journal of industrial organization, 1995, 13 (4).

[286] GLAESER E L, ROSENTHAL S S, STRANGE W C. Urban economics

and entrepreneurship [J]. Journal of urban economics, 2010, 67 (1).

[287] GLAESER E L. Entrepreneurship and the city [R]. Working paper, 2007.

[288] GNYAWALI D R, FOGEL D S. Environments for entrepreneurship development: key dimensions and research implications [J]. Entrepreneurship theory and practice, 1994 (18).

[289] GRIES T, NAUDÉ W. Entrepreneurship and structural economic transformation [J]. Small business economics, 2010, 34 (1).

[290] GRIFELL-TATJÉ E, LOVELL C A K. A generalized Malmquist productivity index [R]. NBER working paper, 1998.

[291] GRIFFITH R, REDDING S, VAN REENEN J. Mapping the two faces of R&D: productivity growth in a panel of OECD industries [J]. Review of economics and statistics, 2004, 86 (4).

[292] GROSSMAN G M, HELPMAN E. Trade, knowledge spillovers, and growth [J]. European economic review, 1991, 35 (2).

[293] GROVES T, HONG Y, MCMILLAN J, et al. Autonomy and incentives in Chinese state enterprises [J]. Quarterly journal of economics, 1994, 109 (1).

[294] GWARTNEY J D, LAWSON R, HOLCOMBE R G. The size and functions of government and economic growth [M]. Washington, DC: Joint Economic Committee, 1998.

[295] HABER S H, RAZO A, MAURER N. The politics of property rights: political instability, credible commitments, and economic growth in Mexico, 1876–1929 [M]. Cambridge: Cambridge University Press, 2003.

[296] HAIR JR J F, ANDERSON R E, TATHAM R L. Multivariate data analysis [M]. 5th ed. NJ: Prentice, 1998.

[297] HARPER D A. Foundations of entrepreneurship and economic development [M]. London: Routledge, 2003.

[298] HAUSMAN J A. Specification tests in econometrics [J]. Econometrica: journal of the econometric society, 1978, 46(6).

[299] HAYASHI F, PRESCOTT E C. The 1990s in Japan: a lost decade [J]. Review of economic dynamics, 2002, 5(1).

[300] HAYEK F A. Individualism and economic order [M]. Chicago: University of Chicago Press, 1948.

[301] HAYEK F A. The use of knowledge in society [J]. American economic review, 1945, 35(4).

[302] HE B, LI Z, VINIG T. Entrepreneurship, technological progress and resource allocation efficiency: a case of China [J]. Journal of Chinese entrepreneurship, 2010, 2(3).

[303] HÉBERT R F, LINK A N. In search of the meaning of entrepreneurship [J]. Small business economics, 1989, 1(1).

[304] HEDÉN Y. Productivity, upskilling, entry and exit: evidence from the UK and Swedish micro-data [D]. London: University of London, 2006.

[305] HELPMAN E, TRAJTENBERG M. A time to sow and a time to reap: growth based on general purpose technologies [R]. National Bureau of Economic Research, 1994.

[306] HENREKSON M. Entrepreneurship: a weak link in the welfare state [J]. Industrial and corporate change, 2005, 14(3).

[307] HIGHFIELD R, SMILEY R. New business starts and economic activity: an empirical investigation [J]. International journal of industrial

organization, 1987, 5 (1).

[308] HUANG Y, MENG X. China's industrial growth and efficiency: a comparison between the state and the TVE sectors [J]. Journal of the Asia Pacific economy, 1997, 2 (1).

[309] HUNG H. Formation and survival of new ventures: a path from interpersonal to interorganizational networks [J]. International small business journal, 2006, 24 (4).

[310] IM K S, PESARAN M H, SHIN Y. Testing for unit roots in heterogeneous panels [J]. Journal of econometrics, 2003, 115 (1).

[311] JAFFE A B, TRAJTENBERG M, HENDERSON R. Geographic localization of knowledge spillovers as evidenced by patent citations [J]. Quarterly journal of economics, 1993, 108 (3).

[312] JOH S W. Strategic managerial incentive compensation in Japan: relative performance evaluation and product market collusion [J]. Review of economics & statistics, 1999, 81 (2).

[313] KARIKARI J A. Government and economic growth in a developing nation: the case of Ghana [J]. Journal of economic development, 1995 (20).

[314] KARRAS G. The optimal government size: further international evidence on the productivity of government services [J]. Economic inquiry, 1996, 34 (2).

[315] KING R G, LEVINE R. Finance, entrepreneurship and growth [J]. Journal of monetary economics, 1993, 32 (3).

[316] KIRZNER I M. Competition and entrepreneurship [M]. Chicago: University of Chicago Press, 1973.

[317] KIRZNER I M. Discovery and the capitalist process [M]. Chicago: University of Chicago Press, 1985.

[318] KIRZNER I M. Entrepreneurial discovery and the competitive market process: an Austrian approach [J]. Journal of economic literature, 1997, 35(1).

[319] KIRZNER I M. Perception, opportunity, and profit: studies in the theory of entrepreneurship [M]. Chicago: University of Chicago Press, 1979.

[320] KIRZNER I M. Uncertainty, discovery, and human action: a study of the entrepreneurial profile in the Misesian system [M]. MA: Lexington Books, 1982.

[321] KLINE R B. Principles and practice of structural equation modeling [M]. New York: Guilford Press, 1998.

[322] KNIGHT F H. Risk, uncertainty and profit [J]. New York: Houghton Mifflin, 1921.

[323] KRUGMAN P. The myth of Asia's miracle [J]. Foreign affairs, 1994, 73(6).

[324] LACHMANN L M. Methodological individualism and the market process [C] // STREISSLER E. Roads to freedom: essays in honor of Friedrich A. von Hayek. London: Free Press of Glencoe, 1995.

[325] LARKEY P D, STOLP C, WINER M. Theorizing about the growth of government: a research assessment [J]. Journal of public policy, 1981, 1(2).

[326] LERNER M, BRUSH C, HISRICH R. Israeli women entrepreneurs: an examination of factors affecting performance [J]. Journal of business venturing, 1997, 12(4).

[327] LEVIN A, LIN C F, CHU C S J. Unit root tests in panel data: asymptotic

and finite-sample properties [J]. Journal of econometrics, 2002, 108 (1).

[328] LEVIN A, RAUT L K. Complementarities between exports and human capital in economic growth: evidence from the semi-industrialized countries [J]. Economic development and cultural change, 1997, 46 (1).

[329] LEVINE R, RUBINSTEIN Y. Smart and illicit: who becomes an entrepreneur and do they earn more? [J]. Quarterly journal of economics, 2017, 132 (5).

[330] LI Y, GUO H, LIU Y, et al. Incentive mechanisms, entrepreneurial orientation, and technology commercialization: evidence from China's transitional economy [J]. Journal of product innovation management, 2008, 25 (1).

[331] LIN J Y. Rural reforms and agricultural growth in China [J]. The American economic review, 1992, 82 (1).

[332] LUCAS R E. On the mechanics of economic development [J]. Journal of monetary economics, 1988 (22).

[333] MADDALA G S, WU S. A comparative study of unit root tests with panel data and a new simple test [J]. Oxford bulletin of economics and statistics, 1999, 61 (S1).

[334] MCMILLAN J, WHALLEY J, ZHU L. The impact of China's economic reforms on agricultural productivity growth [J]. The journal of political economy, 1989, 97 (4).

[335] MCMILLAN J, WOODRUFF C. The central role of entrepreneurs in transition economies [J]. The journal of economic perserctive, 2002, 16 (3).

[336] MELCHOR O H. The government workforce of the future: innovation in strategic workforce planning in OECD countries [R]. OECD working papers

on public governance, 2013.

［337］MICHELACCI C. Low returns in R&D due to the lack of entrepreneurial skills［J］. The economic journal, 2003, 113（484）.

［338］MICHIE J. Foreign direct investment and human capital enhancement in developing countries［J］. Competition and change, 2002（4）.

［339］MISES L. Human action: a treatise on economics［M］. London: William Hodge, 1949.

［340］MISES L. Profit and loss［M］. Illinois: Consumers-Producers Economic Service, 1951.

［341］MORADI M A. Entrepreneurship and total factor productivity in Iran's manufacturing industries［J］. Journal of global entrepreneurship research, 2011（2）.

［342］MUELLER D C. Public choice III［M］. Cambridge: Cambridge University Press, 2003.

［343］MUELLER R O. Structural equation modeling: back to basics［J］. Structural equation modeling: a multidisciplinary journal, 1997, 4（4）.

［344］NELSON R R, WINTER S G. An evolutionary theory of economic change［M］. Cambridge: Harvard University Press, 1982.

［345］NIJKAMP P, POOT J. Meta-analysis of the effect of fiscal policies on long-run growth［J］. European journal of political economy, 2004, 20（1）.

［346］NISHIMIZU M, PAGE J M. Total factor productivity growth, technological progress and technical efficiency change: dimensions of productivity change in Yugoslavia, 1965-78［J］. The economic journal, 1982, 92（368）.

［347］NORTH D C, THOMAS R P. The rise of the western world: a new economic history [M]. Cambridge: Cambridge University Press, 1973.

[348] NORTH D C. The role of institutions in economic development [J]. ECE discussion papers series, UNECE, 2003.

[349] O'DRISCOLL G P, RIZZO M J, GARRISON R W. The economics of time and ignorance [M]. Hove: Psychology Press, 1996.

[350] O'DRISCOLL G, RIZZO M. The economic of time and ignorance [M]. Oxford: Basil Blackwell, 1985.

[351] PEDEN E A. Productivity in the United States and its relationship to government activity: an analysis of 57 years, 1929-1986 [J]. Public choice, 1991, 69 (2).

[352] PERSSON T, TABELLINI G. The size and scope of government: comparative politics with rational politicians [J]. European economic review, 1999, 43 (4).

[353] PERSSON T. Do political institutions shape economic policy? [J]. Econometrica, 2002, 70 (3).

[354] PLOLANYI M. Personal knowledge [M]. London: Routledge, 1958.

[355] PRAAG C M V, VERSLOOT P H. What is the value of entrepreneurship? A review of recent research [J]. Social science electronic publishing, 2007, 29 (4).

[356] PRITCHETT L, SUMMERS L H. Asiaphoria meets regression to the mean [J]. Social science electronic publishing, 2014 (11).

[357] RAM R. Government size and economic growth: a new framework and some evidence from cross-section and time-series data [J]. The American economic review, 1986, 76 (1).

[358] REYNOLDS P D, BYGRAVE W D, AUTIO E, et al. Global entrepreneur-

ship monitor: executive report 2002［R］. Wellesley, 2002.

［359］REYNOLDS P D, HAY M, CAMP S M. Global entrepreneurship monitor［R］. Kansas City: Kauffman Center for Entrepreneurial Leadership, 1999.

［360］RIGDON E E. Structural equation modeling: nontraditional alternatives［M］//EVERITT B S, HOWELL D C. Encyclopedia of statistics in behavioral science.Hoboken: John Wiley & Sons, Ltd, 2005.

［361］RODRIK D, SUBRAMANIAN A, TREBBI F. Institutions rule: the primacy of institutions over geography and integration in economic development［J］. Journal of economic growth, 2004, 9（2）.

［362］ROMER P M. Endogenous technological change［J］. Journal of political economy, 1990, 98（5）.

［363］ROMER P M. Increasing returns and long-flun growth［J］. The journal of political economy, 1986, 94（5）.

［364］ROODMAN D. How to do xtabond2: an introduction to "difference" and "system" GMM in Stata［R］. Working paper 103, Center for Global Development, Washington, 2006.

［365］ROTHWELL R, ZEGVELD W. Industrial innovation and public policy: preparing for the 1980s and the 1990s［M］. London: Frances Pinter, 1981.

［366］SACHS J, WOO W T. Understanding China's economic performance［R］. NBER working paper, 1997.

［367］SALAS-FUMÁS V, SANCHEZ-ASIN J J, STOREY D. Occupational choice, number of entrepreneurs and output: theory and empirical evidence with Spanish data［J］. Series, 2014, 5（1）.

［368］SCHULTZ T W. Investment in entrepreneurial ability［J］. Scandinavian journal of economics, 1980, 82 (4).

[369] SCHUMACKER R E, LOMAX R G. A beginner's guide to structural equation modeling [M]. Hove: Psychology Press, 2004.

[370] SHANE S, VENKATARAMAN S. The promise of entrepreneurship as a field of research [J]. Academy of management review, 2000, 25 (1).

[371] SHEEHEY E J. The effect of government size on economic growth [J]. Eastern economic journal, 1993, 19 (3).

[372] SOLOW R M. A contribution to the theory of economic growth [J]. The quarterly journal of economics, 1956, 70 (1).

[373] SØRENSEN J B. Bureaucracy and entrepreneurship: workplace effects on entrepreneurial entry [J]. Administrative science quarterly, 2007, 52 (3).

[374] SORENSON O, AUDIA P G. The social structure of entrepreneurial activity: geographic concentration of footwear production in the United States, 1940-1989 [J]. American journal of sociology, 2000, 106 (2).

[375] SOUSA S. The regional economic value of entrepreneurship: a Schumpeterian approach to the linkage between entrepreneurship and regional development [J]. Journal of reviews on global economics, 2013 (2).

[376] STEIN J C. Waves of creative destruction: firm-specific learning-by-doing and the dynamics of innovation [J]. The review of economic studies, 1997, 64 (2).

[377] STIGLITZ J, HUSSAIN A, STERN N. Chinese reforms from a comparative perspective [C] //HAMMOND P J, MYLES G D. Incentives, organization and public economics: papers in honor of James Mirrlees. Oxford: Oxford University Press, 2000.

[378] STOPFORD J M, BADEN-FULLER C W F. Creating corporate entrepreurship [J]. Strategic management journal, 1994 (15).

[379] TAN J. Innovation and risk-taking in a transitional economy: a comparative study of Chinese managers and entrepreneurs [J]. Journal of business venturing, 2001, 16 (4).

[380] TANG Z, HULL C. An investigation of entrepreneurial orientation, perceived environmental hostility, and strategy application among Chinese SMEs [J]. Journal of small business management, 2012, 50 (1).

[381] THOMPSON B. Ten commandments of structural equation modeling [M] // GRIMM L G, YARNOLD P R. Reading and understanding MORE multivariate statistics.Washington, DC: American Psychological Association, 2000.

[382] TOBIN D. Economic liberalization, the changing role of the state and "Wagner's Law": China's development experience since 1978 [J]. World development, 2005, 33 (5).

[383] VAN KLINK A, DE LANGEN P. Cycles in industrial clusters: the case of the shipbuilding industry in the Northern Netherlands [J]. Tijdschrift voor economische en sociale geografie, 2001, 92 (4).

[384] VEDDER R K, GALLAWAY L E. Government size and economic growth [C]. The joint economic committee of the US congress, 1998.

[385] WANG Y, YAO Y. Sources of China's economic growth 1952-1999: incorporating human capital accumulation [J]. China economic review, 2003, 14 (2).

[386] WENNEKERS S, THURIK R.Linking entrepreneurship and economic growth [J]. Small business economics, 1999, 13 (1).

[387] WENNEKERS S, VAN WENNEKERS A, THURIK R, et al.

Nascent entrepreneurship and the level of economic development [J]. Small business economics, 2005, 24(3).

[388] WHEATON B. Assessment of fit in overidentified models with latent variables [J]. Sociological methods & research, 1987, 16(1).

[389] WOOLDRIDGE J. Introductory econometrics: a modern approach [M]. Cincinnati, OH: South Western Educational Publishing, 2012.

[390] World Bank. China 2020: development challenges in the new century [R]. Washington. DC, 1997.

[391] WU Y. Is China's economic growth sustainable? A productivity analysis [J]. China economic review, 2001, 11(3).

[392] YOUNG A. Gold into base metals: productivity growth in the People's Republic of China during the reform period [J]. Journal of political economy, 2000, 111(6).

[393] YU T F L. Entrepreneurship and economic development in Hong Kong [M]. New York: Routledge, 2003.

[394] ZACHARAKIS A, SHEPHERD D A, BYGRAVE W D. Global entrepreneurship monitor: national entrepreneurship assessment, United States of America: 2000 executive report [M]. Kauffman Center for Entrepreneurial Leadership at the Ewing Marion Kauffman Foundation, 2000.

[395] ZHANG Y. The entrepreneurial role of local bureaucracy in China: a case study of Shandong Province [J]. Issues & studies, 1996, 32(12).

[396] ZHENG J, HU A. An empirical analysis of provincial productivity in China (1979-2001) [J]. Journal of Chinese economic and business studies, 2006, 4(3).

后 记

本书是在我的博士学位论文基础上修改并出版的。本书得以付梓，首先要感谢我的博士生导师——同济大学王霞教授、博士后合作导师——复旦大学李元旭教授的悉心指导和关怀，感谢郭兵师兄在写作过程中给予的无私帮助。

感谢同济大学经济与管理学院诸位老师的教导和帮助，以及论文评审专家的意见和建议。

感谢中国博士后科学基金、国家自然科学基金等研究项目的出版资助。

最后，谨以此书献给我的家人。父亲尚文，一直以来对我们的学业重视有加，愿以此书回报父亲的殷殷期望。感谢母亲几十年如一日的无私付出，感谢姐姐、哥哥、妻子的关爱与照拂，愿他们身体康健、心想事成。